人类大历史

THE GREAT HUMAN HISTORY

凌立◎编译

中国友谊出版公司

图书在版编目（CIP）数据

人类大历史 / 凌立编译． — 北京 ： 中国友谊出版公司，2018.11

ISBN 978-7-5057-4539-1

Ⅰ．①人… Ⅱ．①凌… Ⅲ．①社会发展史－通俗读物 Ⅳ．①K02-49

中国版本图书馆 CIP 数据核字（2018）第 245023 号

书名 人类大历史
作者 凌 立
出版 中国友谊出版公司
发行 中国友谊出版公司
经销 新华书店
印刷 天津旭丰源印刷有限公司
规格 787×1092 毫米 16 开
18 印张 196 千字
版次 2019 年 1 月第 1 版
印次 2019 年 1 月第 1 次印刷
书号 ISBN 978-7-5057-4539-1
定价 48.00 元
地址 北京市朝阳区西坝河南里 17 号楼
邮编 100028
电话 （010）64668676

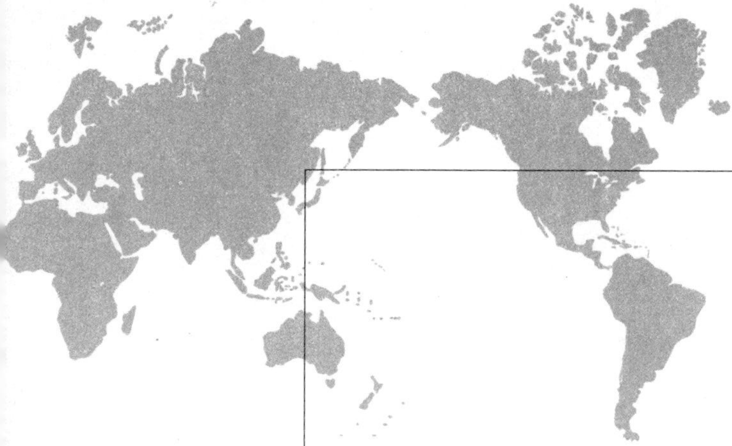

目录 Contents

第一章

一场 3000 年前的战争

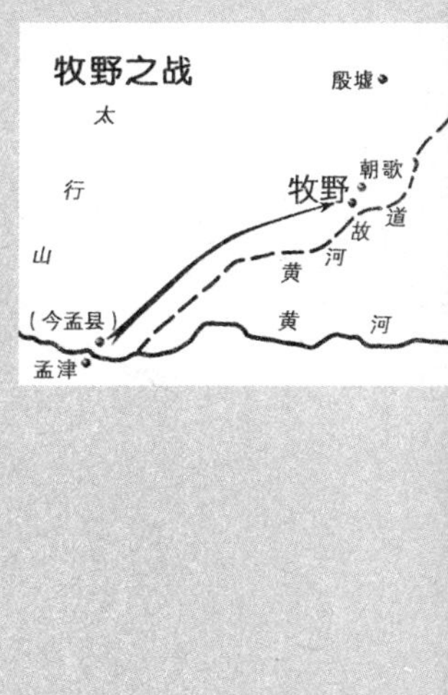

牧野之战实现了上古时期黄河流域统治霸权的转移，对中国后世历史的发展有着非常深远的影响。经此一战，商王朝长达 600 余年的统治宣告瓦解，为另一个更加强大、统治时期更长的奴隶制王朝——周朝——的诞生奠定了基础。周王朝的统治前后维持了 770 多年，这期间实现了社会生产力的极大提高，周王朝的礼乐文明达到了顶峰，拉开了中华文明繁荣昌盛的序幕。

末代君王

殷商作为中国第二个奴隶制王朝，从最开始定都于亳正式建立政权开始，一直到帝辛即位，中间经历了 17 代 30 位帝王。帝辛的父亲帝乙有两个儿子，长子叫作微子启，按照当时立长不立幼的规矩，原本应该由微子启继承王位。但是因为微子启的母亲出身卑微，所以微子启失去了继承王位的权利，这份荣幸就落到了帝乙的小儿子身上。帝乙的小儿子叫作辛，他的母亲是帝乙的正王后，这种得天独厚的条件使他得以替代年长的哥哥微子启成为王位的继承人。帝乙去世以后，他就顺理成章地登上了王位，被人们称为帝辛。

帝辛是一个文武双全的英雄式的人物，他天资聪颖、身体强健、武艺高强，能够徒手与凶猛的野兽格斗。他的学习能力和口才在当时都算得上出类拔萃，很多试图劝谏他的大臣都被他辩驳得哑口无言。但是就是这样一位原本可以成为一代雄主的人物，却有着致命的人格缺陷。也正是因为他的这种人格缺陷导致了他后来的一系列荒淫残暴的举动，使得后来全天下的人都管他叫“纣”。而“纣”所包含的就是大义的残缺和善心的损伤。

帝辛成功继位后就把自己当作执掌天命之人，凭借着自己的才能在大臣面前夸耀自己的不平凡之处，凭着自己手中的权势到处炫耀自己的地位，认为全天下的人没有一个能跟自己相比。他丝毫不注意自己作为帝王的形象和操守，整天花天酒地，肆意作乐。他有一个特别宠爱的妃子，叫作妲己，帝辛对她的宠爱已经到了无以复加的地步，不管是多么无理的要求，只要妲己提出来了，帝辛都会想尽一切办法去满足她。他喜欢饮酒作乐，命人把美酒倒满一个个大池子，再把烤熟的肉挂起来，远远看去就像是烤肉的树林。然后他让乐师创作一些柔媚的俗曲，再招来大批戏乐之人和王公贵族，让这些男男女女都赤身裸体在酒池肉林中追逐嬉闹，通宵达旦地饮酒作乐。为了让自己的各种欲望能够得到满足，他不断地加重百姓的赋税。他用新建的鹿台作为自己的钱库并在里面堆满了财物，同时钜桥的粮仓里也都囤满了粮食。他还从全国各地搜刮了大量的珍玩填满了宫殿，还用多余的钱财不断地修建园林楼台。

帝辛（商纣王）这样骄奢淫逸、横征暴敛，自然会惹得天下民怨沸腾。有些诸侯和王公就开始规劝他，试图让他清醒一些。但是帝辛却用各种残酷的方法回应来自王公大臣的规劝和民众的抱怨。

相对于帝辛的骄奢淫逸，殷商的附属国周国的诸侯王姬昌却完全是另外一番作为。姬昌在周国实行的政令以“仁义”为核心，主张后辈要孝敬年长之人，关爱后生晚辈，对有才能的贤士礼遇有加。为了不怠慢那些慕名而来的贤士，姬昌常常连一顿安生的饭都吃不上，一听说有贤人来访，就马上放下吃食出去迎接。哪怕自己是在沐浴，也会握着湿漉漉的头发出来迎接，生怕怠慢了来客。正是因为如此，贤能的人都纷纷归附于他，像太颠、闳夭、散宜生、鬻子、辛甲大夫等人都是在这一时期投在了姬昌的门下。一同前来投奔的还有当时孤竹国国君的两个儿子——伯夷和叔齐。

帝辛的荒淫残暴和姬昌的仁政义行形成了鲜明的对比，人们对他们的态度自然存在着天壤之别。随着帝辛的众叛亲离和姬昌的众望所归，他们之间的力量对比也在悄然发生着变化。姬昌不断壮大的力量使帝辛受到越来越大的威胁，他们之间注定要爆发更大的冲突。

第一次交锋

当时的三公之一九侯有个美丽的女儿，后来献给了帝辛。但是九侯的这个女儿生性不喜淫荡，帝辛一怒之下不仅杀害了她，还把她的父亲剁成了肉酱。同样作为三公之一的鄂侯极力劝谏，也惨遭杀害并被制成了肉干。姬昌听到这件事以后摇头叹息不止。这事被帝辛的近臣崇侯虎探知，他向帝辛告发并把姬昌在封地的言行告知帝辛，还对帝辛说："姬昌在自己的封地内积累善行美德，天下的民众、贤才和声望都归了他，他的实力正在一天天地增强，将来必然会对您不利呀。"

崇侯虎的这番话刚好说中了帝辛内心深处的担忧，于是帝辛就设法把姬昌骗到了朝歌，后来又关在了羑里。这一关就是 7 年的时间，在这期间归于姬昌门下的闳夭等人想尽一切办法营救他。他们倾尽全力收罗有莘氏的美人、骊戎出产的名马、有熊国出产的良马 36 匹，还有不计其数的各种异宝奇珍。他们携带着这些美女和东西到朝歌找到了帝辛的另外一个宠臣费仲，通过他把这些美女和东西送给帝辛。正在想尽一切办法向天下百姓搜刮的帝辛见到这些美女、骏马和珍宝后顿时喜出望外，对费仲说："这些东西，哪怕只是其中的一件，都能够换得姬昌的自由。现在这么多好东西都齐备了，还有什么理由继续关押着他呢？"然后帝辛不仅释放了已经被他关押了 7 年的姬昌，还赐给他代表着征伐诸侯权力的弓箭斧钺，让他拥有讨伐其他诸侯的权力。帝辛还跟姬昌说其实自己原本没有要关押他的心思，都是因为崇侯虎说了他的坏话。

但是姬昌并没有在意这些，他在返回封地后做的第一件事就是主动献出了洛水以西的土地，请求帝辛废除惨无人道的炮烙之刑。通过这件事，姬昌的仁义之名变得天下皆知，以至于诸侯之间起了争执，都会找他来评断。当时虞国人和芮国人发生了争执，迟迟无法得到解决，于是两国的诸侯就相约到姬昌那里理论。可是还没等见到他就中途返回了。原因竟然是他们自从进入了周国境内以后，看到周国种地的百姓都在互让边界，人们都自觉地谦让长者，关怀年幼的人。这让他们为自己的斤斤计较感到了羞愧，于是就各自返回属国去了。这件事情在诸侯之间传开以后，面对帝辛的荒淫无道，大家都在私底下议论："如果天下将要易主的话，恐怕姬昌才是那个承受天命的人。"

姬昌在获得了极大的声望，尤其是获得了帝辛授予的征伐其他诸侯的权力之后，便开始以仁义天道之名征伐其他诸侯国，以不断壮大自己的实力。他只用了短短几年的时间就一连征服了犬戎、密须和耆国。自己的实力不仅得到了空前的壮大，也让殷商的一些有识之士有了强烈的危机感。大臣祖伊听说这些事情以后，震惊之余赶紧向帝辛汇报，希望能够引起他的注意，好早点儿采取措施，避免姬昌将来对殷商政权带来致命的威胁。他对帝辛说："所有这些事情都在预示着上天已经开始断绝我们的国运了。当我想获得一些关于未来的暗示的时候，不管是借助能预测吉凶的人还是试图借助大乌龟进行占卜，都没办法获得一丁点好的征兆。但是我想，之所以会出现这样的情况，并不是我们的祖先不愿意帮助他们的子孙，而是因为大王您的所作所为太过于荒淫暴虐，您这么做简直就是在自绝于天呀。现在就连我们的国民都在盼望着灭亡的那一天，他们都在埋怨上天为什么还不显示威灵，为什么不让殷国早点儿灭亡。大王，事到如今，难道您还不想有所改变吗？"

但是帝辛的反应让他彻底失望了。面对祖伊的苦劝，帝辛非常自负地说："帝王掌权天下乃是天命所归，而我才是承奉天命的那个人。姬昌不过是区区一个诸侯，又能成得了什么气候？"

祖伊后来跟身边的人说："大王已经没办法进行规劝了。"

正是因为帝辛的这种自负，才给了姬昌进一步强大自己的机会。在帝辛的纵容之下，姬昌征伐不断。在祖伊汇报的第二年又出兵邘国，转过年又出兵讨伐崇侯虎，报了当年告密之仇。后来又营建了丰邑，把国都从岐下迁到了丰邑。

到这时为止，周国已经隐隐具有了能与殷商政权分庭抗礼的趋势。

如果按照这样的趋势再发展几年的话，姬昌也将有机会向帝辛报自己当年被关在羑里 7 年之久的仇。但是人算不如天算，就在周国迁都丰邑的第二年，也就是公元前 1050 年，姬昌病逝，太子姬发继位。姬昌谥号文王，继位的姬发就是周武王。

毁灭前的疯狂

周文王去世之后，武王姬发继位。他任用太公望为太师、周公旦做辅相，另外身边还有召公和毕公这样的贤臣辅助。由于周文王的仁德天下皆知，拥有非常高的威望，武王担心自己年纪轻轻在诸侯当中的威望不够，就处处以父亲文王为榜样，发誓要继承父亲的遗志，完成他没来得及完成的事业。

武王继位后的第 9 年，在毕地祭祀文王。一直到此时为止，姬发都奉已故的父亲姬昌为王，自称为太子发。在祭祀了文王以后，武王率众前往东方去检阅部队，这中间一直在军帐中供奉着文王的牌位。刚走到孟津，姬发就向随行的众人宣称自己是奉了文王的遗命前去讨伐无道的纣王，因为这种大事自己丝毫不敢擅自做主。姬发对他们说："对待国家大事，大家一定要严肃恭敬，一定要诚实。我原本只是一个没什么见识的年轻人，一切全仰赖祖先的德行，我才有幸继承了先人的功业。现在我们已经制定了各种赏罚的制度，这就是我们能够完成先人未竟事业的保证。”然后由师尚父向全军发布进兵的命令 :“各位将领，请率领你们的部下，抓牢手中的船桨，我们顺应天道，讨伐无道。凡有落后的一律斩杀。”

随后武王姬发带领大家渡河，等船行至河中间的时候，一条白色大鱼跳进了他的船舱。武王把这条大鱼抓住以后，用它来祭天。等渡过河以后，刚率领大军安顿下来，又发现有一大团赤红的火焰从天而降。这个大火球落在武王所住的房子上，不停地转动着，后来竟然变成了一只火红色的乌鸦，在房屋上方拍打着翅膀不停地鸣叫。这一系列的异象让武王觉得这可能是来自上天的启示，这是在告诉他现在讨伐纣王的时机还不成熟。虽然诸侯们并没有接到武王要求会盟的通知，但是他们听到武王要讨伐纣王的消息以后就纷纷赶来了。赶来盟津会盟的诸侯王有数百个之多，他们都聚拢在武王的周围，纷纷表示 :“纣王如此暴虐无道，现在到了要讨伐他的时候。”面对赶来会盟的诸侯，武王冷静地跟他们说 :“你们并不了解天命，现在还不是讨伐纣王的最好时机。”

说完，他就带领着人马返回周国。前来会盟的各诸侯随后也纷纷返回国内。

就这样，时间又过去了两年。在这两年时间里，纣王变得更加荒淫暴虐。微子启为了殷国的天下多次劝谏，纣王统统听不进去。苦劝无果的微子启深感前途绝望，无奈之下只好逃离殷国。他出逃前曾经劝比干跟他一起逃走，但是比干却说 :“做臣子的，在国家危难面前哪能只顾着自己的安危，而不对君王拼死进谏呢？”

果然在微子启逃亡以后，比干不顾自己的生命安危拼死进谏，结果惹得纣王大怒。

纣王对比干说："我听说圣人的心有七窍，要比常人多一窍。举国上下都说你是圣人，倒不如剖开你的胸膛看看你的心到底是不是如此。"

说完这些以后，残暴的纣王竟然真的命人剖开了比干的胸膛，挖出心来验看。这样的场景把殷国的另一位贤人箕子吓破了胆，为了避免灾祸，他便装疯卖傻去给别人做了奴隶，但是最后还是被纣王发现，抓回去关了起来。纣王的疯狂使得身在朝歌的大臣纷纷出逃，太师、少师都随身带着祭器、乐器急急忙忙地逃亡到周国。等武王姬发听完这些逃亡的人详细汇报了纣王以及殷国的情况之后，他知道讨伐纣王的时机已经成熟了，于是就发出号召，准备率领诸侯发动讨伐殷纣王的战争。

最后对决

决心发动讨伐殷纣战争的武王姬发把诸侯召集在一起，跟他们说："殷王罪孽深重，有违天道，已经到非讨伐不可的地步了。"

公元前 1046 年，武王姬发遵循父亲文王的遗旨，率领由 300 辆战车、3000 名勇士组成的重装部队和披坚执锐的步兵部队 4.5 万人，浩浩荡荡地朝殷国的都城朝歌进发。武王伐纣的军队悄然前进，一直到渡过黄河为止都没有遇到任何来自殷国军队的抵抗。等到武王姬发所率领的部队全部渡过盟津之后，其他诸侯的队伍也都陆续赶来会盟。

武王在军前创作进军宣言《太誓》，在阵前发布："现在殷纣王竟然因为宠溺妲己这个女人，对她言听计从，以至于自绝于天，毁坏夏商以来的正统大道，疏离所有的亲族弟兄；还无耻地抛弃了历代祖先留下来的乐曲，荒唐地谱制一些淫荡的歌舞，以此来扰乱祖先流传下来的雅正之声。这一切都只是为了讨这个女人的欢心。所以，我姬发现在就要恭敬地代替上天执行来自天道的惩罚。希望各位能够不遗余力，讨伐无道。这样的事情绝对不能再让它出现第二次。”

等到第二天的一大早，武王就来到了朝歌郊外的牧野举行最后的誓师大会。武王站在战车之上，左手握着象征着军权的黄色大斧，右手举着白色的旗帜对阵前的将士们说：“有劳你们了，西方来的勇士们，来自友邦的国君们，司徒、司马、司空、亚旅、师氏以及各位卿大夫，千夫长、百夫长以及各位将士。请高举你们手中的武器，跟随我一起起誓。古语说‘母鸡报晓，就会使得家国毁坏’，但是如今的殷纣王却公然对一个女人言听计从，废弃对于祖先的祭祀，放弃家国政治，抛开所有的亲族弟兄，使得他们得不到任用，却招来一些罪行累累的罪犯和无耻的小人，并抬举他们、任用他们，让他们来欺压百姓，任由他们在商国胡作非为。现在我姬发就带领你们一起，来执行上天的惩罚。今天我们并肩作战，希望你们能够勇往直前。希望大家能够像猛虎、熊罴、豺狼、蛟龙一样威武勇猛。但是在这商都的郊外，对于那些想要脱离敌方阵营的殷纣兵将，我们不仅不要攻击他们，还要尽力去团结他们。要让这些倒戈的殷纣士兵成为我们进攻的前锋。各位将士，请务必勇敢冲锋，如有怯阵不前或是不努力杀敌的，等待你们的将是被杀戮的命运。”

誓师完毕，武王姬发带领周国的军队和前来会盟的诸侯国的军队，共计 4000 多辆战车在牧野摆开了阵势。但是他们所面对的纣王帝辛却并不是一个怯懦之辈，他的智谋和勇力也绝非常人可比，这些年他的军队四处征讨，也取得了非常辉煌的战绩。不过当武王的军队逼近朝歌的时候，殷纣王绝大多数的军队都在外征战来不及调回。仓促间殷纣王只好把朝歌城内的平民、奴隶甚至是关在监狱里的犯人都武装起来，临时组建了一支号称70万，实则只有17万人左右的队伍，在牧野与武王姬发所带领的队伍展开对峙。殷纣王把关在监狱里的囚犯全部放出来，给他们发放武器，把他们跟那些被临时武装起来的平民一起放在阵地的最前沿。而那些原本负责守卫朝歌的少量军队却在最后面负责督战。

面对密密麻麻、铺天盖地而来的殷商守卫部队，武王姬发的将士心中不免有些胆怯，毕竟双方的人数差距悬殊。以周国军队为核心的诸侯联军只有四五万人，而对方却号称有70万。但是在人数众多的敌人面前，武王姬发却从容镇定。他知道自己的劣势在于人数不及对方，但是也有一个巨大的优势，那就是自己所带领的军队都是训练有素的精锐部队，而且具有共同目标。对方虽然人数众多，但却是临时拼凑起来的，还有不少是深受殷纣王暴虐之苦的人。这样的军队，人数再多也不足为虑。

经过深思熟虑之后，武王姬发果断把自己最精锐的百名勇士交给师尚父带领着冲入敌阵，打击敌军的信心。果然不出武王姬发所料，师尚父所带领的百名勇士冲入临时武装起来的殷纣王守卫部队当中，简直是如入无人之境。殷商军队本来就军心不坚，见此形势纷纷倒戈投降。然后武王姬发亲自率领350辆战车、3000勇士和2万多人的步兵一起掩杀，大败殷纣王的守卫部队。而之前那些被殷纣王赶上前线的奴隶和囚犯这时候却变成了周国联军的向导，纣王看见大势已去，就逃回朝歌城中，登上鹿台点燃了大火，然后穿上最喜欢的宝玉衣，跳进大火之中自焚了。

牧野之战，以周国的诸侯联军完胜，殷纣王的守卫军队完败而结束。经此一役，殷商数百年的统治政权宣告瓦解，确立了西周王朝的统治基础。武王姬发昭告天下，建立周朝，开始分封各国，为西周礼乐文明的昌盛发展开辟了道路。但是殷国并未就此灭亡，武王姬发在分封各国时封纣的儿子武庚管理商朝的旧都殷，让他继承殷国的血统和祭祀。殷国从此成为周王朝的一方诸侯，隶属于周朝。

第二章

希腊文明的辉煌时代

古希腊文明是欧洲文明最重要和最直接的渊源，而萨拉米斯海战为希腊人赢得了这一切。希腊从此迈入了历史上的鼎盛时期，雅典帝国、帕提农神庙与“黄金时代”随之而来！

波斯国王的复仇之心

公元前 485 年 10 月，征战在外，一心想为父王扫平叛乱的波斯帝国的王储薛西斯得到快马来报，他的父亲——大流士国王——不幸驾崩。

这是一个震惊世界的消息。听到消息，薛西斯来不及伤悼父王的离去，便带领大军从千里之外赶回了帝国首都波斯波利斯。历史表明，当一国之主辞世，庞大的帝国群龙无首之际，往往是叛乱丛生之时，甚至会导致帝国的崩溃。当年，薛西斯的父王大流士就是趁波斯帝国第二个皇帝突然驾崩之机，一举平定了叛乱才夺得王位。此时的薛西斯自然不希望有人抢在他前面篡夺他的继承权。

好在薛西斯在父王余威未尽之际及时赶回，顺理成章地被推上了王位。

根据波斯的传统，新的国王即位应由神示来证明，并且需要有一位大德大圣者为其加冕，但薛西斯不需要这些。他的士兵就是“神示”，并且也没人有资格给他加冕。于是薛西斯自己将王冠戴在了头上，成为世界上最强大帝国的国王。

薛西斯继承了大流士的王者之威，也继承了父亲的雄心壮志。他是一个脾气暴躁、好大喜功的国王。登基伊始他便命令建筑师们修建起宏伟的宫殿群。波斯波利斯由此成为古代世界最壮丽的城市之一。

与此同时，帝国各从属行省的首领也纷纷遣使赶来，向薛西斯献上表示敬意和臣服的礼物。繁华的波斯波利斯城一时间挤满了各地来的使臣和随行的商队。献给新国王的礼物应有尽有。有埃及的骆驼、小亚细亚的金子、非洲的手镯……但送礼者没有雅典人，所送礼物没有来自雅典的。

雅典的缺席在提醒薛西斯，当年他的父亲大流士试图征服希腊的计划是以失败而告终的，至今包括雅典在内的希腊诸城邦仍然游离于波斯帝国的统治之外。这成为大流士国王终生的遗憾。

薛西斯一直期望能像他的父亲那样强悍、英武。他决意要雅典人为他们的侥幸胜利付出代价。波斯人是一群由雄心勃勃的国王统领的伟大战士，波斯帝国是当时世界上最强盛的国家，没有人能因为蔑视帝国而不付出代价。

公元前 5 世纪的波斯帝国，其版图最大时横跨亚、非、欧三大洲，东起印度，西抵亚得里亚海、地中海和北非，北到广袤的俄罗斯草原，南达阿拉伯半岛。这个超级帝国囊括了埃及、吕底亚、小亚细亚和两河流域的巴比伦、古叙利亚、巴勒斯坦，以及一些希腊城邦等。其幅员之辽阔，从其修筑的遍及全国的驿道便可见一斑。据测定，驿道中最长的一条是从波斯帝国的中心城市苏萨一直通到爱琴海边的“御道”，全长达 2500 公里。

波斯帝国的疆域开拓差不多都是在薛西斯的父亲大流士执政时期，那是波斯帝国最为强盛的时期。大流士即位后就不停地东征西讨，先后进行了 20 余次征战，才在原来帝国的基础上打下了一个疆域辽阔的帝国。他是那个时代最伟大的英雄，亦是最有势力的国王。在著名的《贝希斯敦铭文》中，他向世人宣称自己是“伟大的王，万王之王，波斯之王，诸省之王”。

在大流士当政时期，人民尽皆臣服于这位“万王之王”。

然而，正是这位“万王之王”，却始终无法征服隔海相对的希腊。第一次远征希腊，他的舰队被风暴摧毁；第二次，他的军队又在马拉松战役中一败涂地。

波斯人想要征服希腊的心愿由来已久，但直接导致大流士发兵远征的起因却仅仅是给希腊一个警告。

其时，希腊半岛上普遍实行的是城邦制，遍布半岛的是一个个独立行使“主权”的城邦国家。它们的范围一般都不大，以一个城池和周围农业区域构成。平均人口在一万人左右，多的也不过几万，颇有些“小国寡民”的味道。其中最大的、最有影响的两个城邦国家是雅典和斯巴达。波斯帝国于公元前 546 年灭了小亚细亚的强国吕底亚之后，原来受吕底亚控制的，包括米利都等几个小亚细亚沿海的希腊城邦，便同时被波斯帝国所征服。大约公元前 514 年，大流士国王率军横渡博斯普鲁斯海峡，企图征服多瑙河以北的斯基泰人。这一战役虽然失败，却控制了色雷斯和黑海海峡，直接威胁到希腊半岛诸城邦。

黑海沿岸是希腊各邦，特别是雅典的重要粮食供给基地和商品市场。波斯控制黑海通道后，不仅希腊和黑海之间的交通受到阻碍，而且已归附波斯的腓尼基人也乘机侵夺希腊人的海外商业利益。于是，希腊人便煽动业已臣服的米利都等希腊城邦举行起义。起义被镇压以后，波斯便借口雅典和爱勒特里亚曾出兵援助米利都，要对之进行“惩罚”。

公元前 492 年，大流士拉开了希波战争的序幕。然而他派出的舰队在阿托斯海遭到飓风袭击，300 艘战舰全部沉入海底，两万多士兵葬身鱼腹。波斯舰队未经交战就全军覆没。两年之后，即公元前 490 年，大流士又派大军开始第二次西侵，这一次则在毁灭爱勒特里亚城邦后进入雅典前沿。仅 1.1 万人的雅典军队面对 10 余万波斯大军毫不退缩，奋勇迎战。双方在城东北的马拉松平原上展开了激战。那是一场激烈的战役，比后来教科书上描绘的要激烈得多。结果，在人数上占优势的波斯大军反而被雅典人一举打败。

对不可一世的大流士国王来说，远征希腊的失败无疑是奇耻大辱。父业子承，薛西斯现在要彻底摧毁雅典，摧毁希腊，以告慰父灵，也让自己这颗复仇的心得到平静。

浩荡征程

在继承王位之前，薛西斯虽然平息过一些反叛，但并没有成就过可以名垂青史的伟业。他甚至没有为他父亲的帝国增加过一抔土或者一杯水。

现在他急于证明：他，薛西斯，和他伟大的父亲一样伟大。为此，他迫不及待地想要征服雅典，征服希腊。他毫不掩饰地宣称："如果我们征服了雅典，波斯帝国的版图将空前扩张，它的边界将一直延伸到神灵的天空。"

登上王位不到一年，薛西斯就开始为入侵希腊做准备。4 年之后，他从整个帝国征募了成千上万的士兵，组建起世界上最庞大的军队。这支军队来自臣服波斯的 46 个国家、100 多个民族。有穿着五光十色的长褂和鳞状护身甲，携带短剑长矛的波斯人、米底亚人；有头戴铜盔、手持亚麻盾牌和木棍的亚述人；有用弓箭和斧头做主要武器的帕提亚人和花剌子模人；有穿长袍的印度人；有穿紧腰斗篷、右肩挂着长弓的阿拉伯人；有穿豹皮或狮子皮，用红白颜色文身的埃塞俄比亚人，他们的武器是棕榈树制的弓、燧石做的箭头，并镶着羚羊狐狸皮；有身穿鲜艳的红斗篷，手拿标枪和盾的色雷斯人；还有帽盔上装饰牛耳、手执皮盾和短矛的高加索各族士兵。波斯军队的人员这样庞杂，武器装备又是这样五花八门，使得这支大军很像一个各族军队和军备武装的大展览。

公元前480年，薛西斯亲率这支号称有500万人的大军（实则为30万～50万人）开始了对希腊的又一次远征。军队从波斯波利斯出发，到达苏萨，取近路向萨迪斯挺进。为了使庞大的舰队顺利入海，波斯曾用3年时间，开掘了一条长1.5英里[①]的运河蜿蜒穿过圣山州直入大海。往日，风暴曾粉碎了他父亲的梦想，但这一次，薛西斯决心不让他的舰队重蹈覆辙。

但帝国没有足够的船只来运载如此庞大的军队，薛西斯只得让波斯大军沿着海岸，绕过爱琴海从北方向希腊挺进。拥有1200艘大型战舰的波斯舰队则载着大军的给养，在不远的海边紧随其后。

为了运输庞大的军队，薛西斯还得将大海变成陆地。当波斯大军走到达达尼尔海峡时，薛西斯下令架桥。

几百艘船被捆扎在一起形成了一架壮观的浮桥。

但猛烈的夏季风暴不期而至。他们精心修建的浮桥最终被吹得七零八落。薛西斯接到这个报告，大为恼怒，下令将大海狠抽300鞭以示惩罚。他对着大海高声宣称："薛西斯国王将渡过你，不管你愿意还是不

---

① 1英里约为1.6千米。

愿意。”

历史记录下了这个不可一世的国王的宣言。

当大海恢复平静时，浮桥已经被修复。薛西斯带领他的军队向欧洲进发。他横刀立马，向着他的大军高声说：“我的波斯英雄们，你们是一支所向披靡的英勇之师。我希望你们这次更加勇猛善战，只要征服了希腊人，整个世界都会匍匐在我们脚下。”庞大的军队用了两天两夜才渡过达达尼尔海峡。当时的场面之壮观，令人以为欧洲的历史就要由波斯人来改写了。希腊人对此惊恐地叫道：“宙斯啊，为什么你变为一个波斯人的样子，并把名字改成薛西斯，率领着全人类来灭亡希腊呢？”

庞大的波斯军队由亚洲进入欧洲。他们马不停蹄地向希腊进发，而波斯舰队一直航行在附近的海域上。

与此同时，面对敌人规模空前的入侵，一向喜欢内部争斗的希腊各城邦被迫团结起来，30 多个城邦国家组成了反波斯同盟，同盟军总统帅由斯巴达国王列奥尼达担任。

在雅典，一支由 200 艘新式战舰组成的舰队也初具规模。新式战舰全部是由橡树做成的三层船。这种战舰行动迅速，易于调遣。每只战舰都超过 100 英尺①，外观呈流线型，三层共计可以容纳 170 名桨手。相对而言，波斯舰队的老式挂帆战船，体积大，速度慢，机动性也差。因此，三层船将是雅典军队在海上的秘密武器。

这种船是一位颇有远见的年轻政治家狄米斯·托克利劝说雅典人

① 1 英尺为 30.48 厘米。

建造的。

当年马拉松战役的胜利，使雅典人变得分外自信，甚至自负，只有狄米斯·托克利还保持着相当的冷静和清醒。他对当年波斯军队的入侵记忆犹新，他知道遭受惨败的波斯人不会就此善罢甘休，他也了解薛西斯毁灭雅典的决心。为此，他建议雅典将军事力量由传统的长矛和盾牌转移到舰艇与木桨上。他认为航海本领领先的希腊人只有凭借在海上的优势，才能与敌人抗衡。

雅典人起初不愿考虑狄米斯·托克利的建议，甚至嘲笑他胆小懦弱。狄米斯·托克利在雅典政坛遭受了不公正的排挤和非难。面对重重阻力，狄米斯·托克利出于对国家的忠诚，始终坚持着自己的主张，为此他不惜得罪许多权贵。随着波斯人大张旗鼓地进行战备的消息不断传来，雅典人心惶惶，这才开始逐步接纳狄米斯·托克利的主张，雅典新舰队由此才得以及时组建，狄米斯·托克利被任命为海军统帅。

当最后一批三层船下水试航时，波斯大军已经进入希腊。随后，波斯人一路横扫，所向披靡。

听到入侵的消息后，雅典人派遣一位使者到德尔菲的神殿去询问有关波斯敌人的预言。在做出任何重大的决定之前，希腊人都会请教德尔菲的女祭司。

雅典的使者登上位于帕那塞斯山脚下的神庙，倾听神传达给女祭司的神谕。女祭司的双眼缓缓睁开，但她的眼神却异常空洞，仿佛失去了所有希望。突然，她以极其悲哀的语气叫喊起来："可怜的人啊，你为什么还坐在那里？赶快逃呀，逃到宇宙的尽头！离开你的家园，离开圣地！只有木墙不会被洗劫。”

神谕传遍整个雅典，雅典人更加恐慌，准备弃城投降。此时，已成为希腊同盟军的海军统帅狄米斯·托克利更是心急如焚，但他坚毅的性格使他保持冷静，他明白这是生死存亡的时刻，他必须站出来给大家以信心，于是他严厉地斥责了胆小的人，并说神谕已经告诉雅典人，他们的救星就是战舰，那些战舰就是不会被洗劫的“木墙”。

但是面对强大的敌人，仅有信心是不够的。波斯人步步紧逼，并在温泉关一役中，打败了希腊同盟军陆军，英勇的同盟军总统帅斯巴达国王列奥尼达也殉难了。薛西斯继续带领军队浩浩荡荡地向雅典进发。同时，希腊北部越来越多的城市一个个臣服在波斯人的脚下。

危机很快逼近。波斯人派使者到雅典人那里要求土与水——这是投降的象征。这是薛西斯给予雅典人的最后一次机会，让他们主动投降。雅典陷入了流言与恐慌之中，人们惶惶不安。但在狄米斯·托克利等主战派人士的坚持下，雅典人做出了拒绝投降的决定。

同时，狄米斯·托克利审时度势，建议所有的妇女、儿童都坐船到亚哥斯的特洛辛和本国的萨拉米岛上去躲避，所有的男人都乘着战船，集中到萨拉米海湾准备战斗。雅典和其他城邦的人都接受了他的建议。妇女和孩子逃到了附近的萨拉米岛。雅典城只剩下老弱病残。

薛西斯没有等来雅典人的投降。恼怒不已的他率波斯大军长驱直入希腊，直扑雅典城。然而此时雅典已基本放弃了坚守，波斯人轻而易举地侵入城市。雅典城遭到前所未有的洗劫。波斯人拿走了最神圣的雕像，屠杀了留在城中的市民，并放火烧毁了希腊这座当时最大、最富庶的城市。

薛西斯得意扬扬地看着城市化为一片灰烬。这一刻他胜利了，他终于洗雪了父亲被打败的耻辱。望着雅典城的熊熊大火，他不禁认为自己比父亲更伟大。

对于雅典城的女神雅典娜来说，一切似乎都已失去。但是希腊同盟军还有一支300余艘战舰的舰队聚集在萨拉米海湾准备战斗。而且，他们的统帅是卓越的指挥官狄米斯·托克利。

薛西斯根本没把希腊人的舰队放在眼里。就在波斯陆军直扑雅典并将之占领之际，拥有1200艘战舰的波斯海军也绕过优卑亚岛，掠过阿提卡，来到雅典的外港比里犹斯。他们水陆呼应，声势浩荡，踏平希腊已经指日可待。

扭转历史的战争

薛西斯亲自率领他的船队，向萨拉米海湾驶去。

此时，希腊战舰严阵以待。但是，当波斯舰队靠近时，那一眼望不到头的庞大舰队，令许多希腊人胆寒了。希腊指挥官内部发生了争执。大多数指挥官想将舰队转移出萨拉米，避免与波斯人正面交锋。其中以伯罗奔尼撒各城邦参加联盟军的将领们的意见最为激烈，他们认为与数倍于己的敌人对战，其结果是可以想见的。

在这生死存亡的时刻，是战还是撤？狄米斯·托克利决意迎战。他尽力劝说其他指挥官，慷慨陈词："如果在一片狭窄的海域，用我们的少数战舰对抗他们的多数战舰，我们就会赢得胜利；因为在狭窄的海域作战对我们有利，而在开阔的海面作战对他们有利。战争的整个命运就依赖我们的战舰和战争的地点了。"

军事会议开了两次，狄米斯·托克利还是没能消除一部分指挥官心中的恐惧。

狄米斯·托克利焦急万分。如果伯罗奔尼撒各城邦参加联盟军的将领们率军从萨拉米撤退，雅典舰队就将被迫单独同波斯舰队作战，并且使波斯舰队有机会在公海上充分发挥其数量优势。

狄米斯·托克利决心破釜沉舟，他迫使其他指挥官相信，他们仅有的胜利机会就是与日益逼近的波斯人在海峡展开决战。他想出了一条妙计：为什么不请敌人来帮一下忙呢？于是，他叫来一个自己最信任的奴隶，交给他一封密信，让他去向波斯王告密，说希腊海军人心浮动，不敢交战，都想逃出海湾。薛西斯见到密信，十分高兴，立即下令让他的船长彻夜封锁所有的逃亡路线，不准放过一条船。这样一来，所有希腊人只得放弃撤退的念头，背水一战。希腊盟军也由此变得空前团结，同仇敌忾。

希腊人睡了一夜好觉，而波斯船员却整晚守在桨边。但他们什么也没有等来。

第二天清晨，薛西斯满以为胜券在握，他爬上山冈，找了一个适宜观战的地形，准备坐等波斯人大破希腊舰队。在他身边，手拿纸笔的史官，也正准备如实记录下波斯海军的辉煌胜利。

波斯战舰早已各就各位。一些战舰封锁了西边的海峡，其余战舰则挤在萨拉米的狭窄海域，等候逃亡的希腊船队。

一切准备就绪，是进攻的时候了。薛西斯向指挥官征询意见。除了一个人，所有人都建议他进攻。不同的声音来自唯一的女指挥官——阿尔特米西亚王后。她是希腊人，现在却与波斯人并肩战斗。此时她不无担心地向国王进谏道：“国王，省去你的船只吧，不要贸然展开海战，在航海技能方面，希腊人远远优于你。你不是已经成为雅典的主人了吗？你的远征不是已经达到目的了吗？”

但薛西斯显然不愿考虑她的建议。胜利在望，有什么理由让他放弃呢？阿尔特米西亚王后只得接受命令去指挥进攻。

此时，希腊人正耐心地等待对他们有利的海风风向。经过一夜的休整，他们精神振奋，随时准备出击。风现在正往南吹，将波斯舰队吹得更靠近狭窄的海域。希腊战舰准备采取行动。一支舰队向波斯阵营冲了过来。

筋疲力尽的波斯人这才意识到他们中计了。希腊人不仅没有逃走，反而主动展开进攻。

希腊的年轻人正在为祖国的生死存亡而浴血奋战。

在每艘三层船上，170 位训练有素的桨手像强劲的发动机一样，协调一致地划桨。一艘希腊战舰撞击了一艘波斯战舰，对方的船尾与甲板被撞碎，船员被抛到海里。战斗的序幕由此拉开。狄米斯·托克利发挥自己船小速度快的优势，机智地指挥雅典战船不断地向波斯战船斜线冲击，他们利用船头一根长约 5 米的包铜横杆，先将敌人的长桨撞断，然后掉转船头，用镶有铜套的舰首狠狠地冲撞波斯战舰的腹部。

为了吓唬敌人，希腊人将船的冲撞角画成一张狰狞怪脸。

在海岸上，雅典观战者发出震耳欲聋的欢呼声。起初，似乎是波斯人占了上风。可人们不知道这正是狄米斯·托克利战术的一部分。

波斯舰队被诱往越来越狭窄的海域，时机一到，狄米斯·托克利立即指挥其他早已埋伏好的战舰从侧翼对波斯舰队发起进攻。波斯舰队遭到希腊舰队的迎头痛击，战舰一艘一艘地被撞沉。一番激战后，波斯前锋舰队抵挡不住，被迫后撤。而从后面赶来的波斯战舰并不知道战况，它们笛鼓齐鸣，向前猛冲。由于时值顺风，鼓成满帆的后继战舰冲入海湾，正好同后撤的前锋舰只迎头相撞，乱成一团。狄米斯·托克利见此情景，乘机指挥全军四面出击。波斯舰队进退两难，被冲撞得七零八落，毫无还手之力。

阿尔特米西亚王后所乘船只在劫难逃，它被一只雅典船紧紧盯上了，随后被四面包围。惊慌失措中，王后冲向了另一艘波斯战舰，别无选择地撞沉了它，为自己冲开一条逃生之路。

因为彼此距离太近，波斯船只毫无回转能力，波斯船员也已筋疲力尽，失去了战斗力。战场形势正如狄米斯·托克利计划的那样发展。

双方的舰队拥挤在这片狭窄的海域，希腊人的三层船显出了优势。这种战舰不像波斯战舰那样体积庞大，它操纵灵便，行驶速度快，在体积庞大的波斯战舰中穿梭攻击，进退自如。

庞大的波斯战舰一艘接一艘地被撞翻，海面上充满了波斯人的哀号。

波斯国王只能眼睁睁地看着自己的舰队像网中鱼一样任人宰割。

波斯舰队被彻底打败了。虽然阿尔特米西亚王后侥幸逃脱了，但到战斗结束时，波斯舰队有 1/3、超过 200 艘的战舰被击沉，还有 50 多艘战舰被俘。而希腊人只损失了 40 艘战舰。

有许多人战死，薛西斯的兄弟也在其中。

薛西斯万万没有想到自己会失败，而且失败得如此悲惨。他痛悔莫及。

希腊迎来黄金时代

萨拉米斯海战扭转了整个战局，奠定了希腊人获胜的基础。

面对失败的现实，薛西斯不得不开始考虑整个远征军的前途：一来海军战败，陆军基本的后勤供给失去保障；二来希腊海军可能会乘胜直扑达达尼尔海峡，阻断他的归路。于是他仰天长叹，命令残存的战舰迅速撤到达达尼尔海峡。几天后，薛西斯除留下一部分兵力在中希腊继续作战外，自己则率领其余部队退回到小亚细亚。

薛西斯回到亚洲，他留下的兵力在第二年的布拉底之战中，都被希腊人歼灭。这两次失败对波斯是沉重的打击。薛西斯的雄心遭遇了前所未有的挫败，此后他再也不敢对希腊轻易发起进攻。而薛西斯之后的统治者，则连他那样的雄心都不敢有了。庞大的波斯帝国虽然完好无损，但其国力已由强转衰，再也无力威胁西方。

薛西斯仍是万王之王，但希腊依旧不是他的统治范围。

狄米斯·托克利却没有这么幸运。在这个奉行民主的城市里，雅典人害怕他就此扩张自己的势力，破坏雅典一贯的民主制度。胜利使狄米斯·托克利变得傲慢起来，他忽略了自己曾经得罪过许多权贵的事实，那些被得罪的权贵并没有宽宥他，战事一平息，反对他的力量便重新聚集。狄米斯·托克利面临四面楚歌的境地。

雅典人聚到一起，投票决定狄米斯·托克利的未来。

如果投票超过 6000 人同意放逐他，那么狄米斯·托克利将从雅典被放逐 10 年。投票结果出来了，狄米斯·托克利被要求立即离开这座城市，希腊再也没有他的立足之地。

在绝望中，他流落到波斯。具有讽刺意味的是，他向过去的敌人薛西斯寻求帮助。有人说狄米斯·托克利见到了薛西斯国王本人。实际上，更有可能是国王的儿子阿特拉薛西斯接见了他。不管是谁接见的，狄米斯·托克利的一番话救了他自己的命。他说："我曾经给你的帝国带来最大的伤害，但我也能为你创造最大的利益。如果你杀了我，你就是杀掉了一个希腊人的敌人。"从此，狄米斯·托克利在波斯宫廷度过了余生。

当希腊进入古典时代，人们开始用文字记载历史。萨拉米斯海战是第一个被历史学家记录的战役。记录这次战役的历史学家就是希罗多德——公认的历史之父。他的大部分著作都在讲述波斯对希腊的入侵以及萨拉米斯海战。

希腊人在公元前 480 年取得的萨拉米斯海战的胜利，是希腊与西方文明的重要转折点。在萨拉米斯海战中获得胜利的雅典人重新找到了自信，就此迈入了历史上的鼎盛时期——古典时期。古希腊最伟大的成就随之诞生。

公元前 5 世纪一前 4 世纪的雅典，文化蓬勃发展。亚里士多德与柏拉图创作了他们最伟大的作品。希腊剧场、希腊哲学与古典建筑和雕塑也正在走向辉煌，这个黄金时代为欧洲文明乃至我们的现代文明都奠定了基础。

第三章

罗马帝国的诞生

亚克兴之战使屋大维无可争议地成为罗马的主人。自屋大维统一罗马之日起 200 余年，罗马帝国进入辉煌时代。罗马帝国一路借鉴和发扬着希腊文明，同古希腊文明一道成为欧洲文明和西方文明的共同源头。

屋大维登场

故事是从公元前 44 年 3 月 15 日这一天开始的。这一天，当恺撒傲然走出拥挤的元老院时，40 多名议员突然冲出，将他乱刀刺死。这位罗马最伟大的将军、拥有帝王一般权力的“终身独裁官”，就在这样毫无防备的情况下，结束了叱咤风云的一生。

恺撒是罗马血腥而漫长的国内战争的最后胜利者，他在战后实行了独裁，希望以此来保证和平。但事与愿违，他的独裁统治和一些改革措施已深深地触动了部分罗马权贵的利益。正是这些曾经是恺撒好友的人，以保卫“共和”之名，赫然实施了刺杀行动。杀死恺撒之后，刺客首领布鲁图和卡西乌立即宣布，这是“自由面对暴政的一次胜利”。

但是大多数罗马人并不接受布鲁图等人的说法。恺撒在占领了 800 多个城市后回到罗马城，抬着缴获的 2800 顶金冠的部下簇拥着他通过凯旋门，那万头攒动、齐声欢呼的场景仿佛还在昨日。恺撒的威望足以使人们心甘情愿地接受他的领导，在大多数罗马人心中，恺撒就是他们的神。

恺撒遇刺，使拥有百万人口的罗马城很快陷入了骚乱，帝国处于动荡分裂的危险边缘。

恺撒最好的朋友、军事副统领安东尼果断地采取行动，很快平息了骚乱。在恺撒的葬礼上，安东尼将象征权力威望的斗篷，高高举过朋友的脸庞，发誓要为他报仇雪恨。元老院“共和派”企图左右公众舆论的计划遭遇失败，杀害恺撒的众多元老院议员在骚乱中作鸟兽散，纷纷逃出了罗马城。

也许安东尼为恺撒报仇的决心出自真诚，但他并未急于出兵追捕凶手，因为他首先要牢牢掌控住罗马。他认为自己是恺撒理所当然的继承者。他心里真切地期望，恺撒的遗嘱会将统治的权力和地位授予自己。

然而，当遗嘱在罗马大众面前缓缓铺开时，安东尼意识到，恺撒的大部分财产，更重要的是“恺撒”这个名号并没有留给他，而是传给了恺撒的一位名不见经传的亲戚，他的养子——年仅 18 岁的屋大维。

消息传到了阿波罗尼亚。正在那里和恺撒的军队一起接受训练的屋大维迅速做出了反应，他发誓要重回罗马，夺回那柄属于他的危险权杖。

一个即将决定安东尼命运的人物粉墨登场了，然而安东尼全然未把他放在眼里。

几个星期后，屋大维便在罗马的东部悄悄登岸了。安东尼对于屋大维的到来毫不担心。他比屋大维年长 20 岁，富有军事统帅之才，且深谙政治谋略，已是元老院功成名就的议员。事实上，安东尼的外貌就显露出一种高贵、显赫之态，他前额宽阔、鼻梁挺直，身上洋溢着勇武和阳刚之气。与之相比，年轻的、高鼻深目且略显瘦弱的屋大维简直就是一个毛头小子。

然而，屋大维绝不像他的外表所显示的那样简单。他以与其年纪不相符的冷静，不动声色地召集大批元老院议员，在庞培的花园中举办了一次集会。在这个集会上，屋大维见到了安东尼，他当着众多元老院议员的面，指出自己还在等待正式继承恺撒的名位。安东尼对屋大维不屑一顾，并尽可能羞辱他，言谈举止中对他极为傲慢与轻视。

集会最后不欢而散。自然，安东尼也没有把权力移交给他。接下来的几周里，安东尼继续阻挠他获得正式继承权的行动，甚至阻止他前往办公地点。

愤怒的屋大维极力隐忍着，他开始游说罗马一些有权势的贵族，迅速得到了一批反对安东尼的议员的支持。

为了表达自己的政治姿态，他把自己的名字改成了恺撒·屋大维。这个年轻人由于被恺撒收养，所以，依照罗马习俗，他的名字中应该有“恺撒”，这是他唯一的资本。并且“恺撒”是一个具有魔力的名字，当他使用这个名字时，恺撒的众多老部下以及驻军纷纷加入到他的麾下，使得他的支持者越来越多。于是他经常简称自己是“恺撒”，于是他也就从默默无闻的屋大维成为恺撒·屋大维——恺撒的儿子。为了强调他和伟大的恺撒的联系，他甚至铸造了自己的硬币，把自己和恺撒的头像铸在一起，寓意神和神的儿子。

安东尼对罗马的控制，尤其是对军队的控制被一步步削弱。他显然低估了这个年轻的对手。

当安东尼意识到问题的严重性时，屋大维的势力已经成了气候。为了夺回主动权，安东尼决定率他的军团到意大利北部，讨伐窝藏在那里的刺杀恺撒的凶手。他希望以此挽回声望并扩大势力范围。然而，此时离开罗马对安东尼来说是极其不明智的。

许多元老院议员仍然认为刺杀恺撒是清除暴君的正义之举，而他们也多多少少曾因安东尼追查恺撒遇刺案受到过株连。屋大维充分利用这一点，通过游说获得了这部分政治势力的支持。

他对这些议员说，安东尼的政治野心将继续削弱“共和”政体，并将危及他们的前途。罗马元老院于是授予他使用武力对抗安东尼的权力，并任其使用恺撒的巨大财富。屋大维于是果断地为自己组建了一支军队。

两派人马在意大利北部的莫德那相遇。战斗打响了，安东尼手下的士兵不愿与昔日的战友同室操戈，纷纷弃械溃逃，安东尼被击败了。

然而，事情接下来又变得出人意料了。屋大维的胜利，给他带来的并不是荣誉，反而是元老院的排挤。

与此同时，安东尼退却后，很快重新组织起庞大的军队准备返回罗马，他的实力依然不可小觑。此外，窝藏在北部的布鲁图和卡西乌等带领的集团也对罗马虎视眈眈。在危急关头，屋大维又一次证明了他在保护自身利益时的果断和坚决。他率大军迅速返回罗马，并以非常手段把持了罗马政坛。这时候，他和安东尼都是手握重兵，可谓势均力敌。双方意识到，只有相互合作才能避免国家陷入战争。他们最终决定形成联盟，联合起来消灭反对他们的势力。

一夜之间，反对安东尼和屋大维的400余名元老院议员和2000多名地主全部上了黑名单。名单上所有的人都被处以死刑，无须审判，也不能上诉，死者的个人财产全部充公。那些有幸知道自己厄运当头的人飞奔回家，赶在被捕之前自我了断。因为根据罗马法律，只有这样，才能为子孙后代保住财产。

罗马的局势安定了下来，现在，对新的统治者构成威胁的只剩下谋杀恺撒的那群人了。于是，安东尼和屋大维统领数十万军团开出城去，决心剿灭布鲁图和卡西乌集团。

公元前42年，联合大军来到了希腊北部的一片橄榄林，林外是一个叫腓立比的小城。安东尼和屋大维的大军就在这里，同布鲁图和卡西乌集团的军队进行决战。一场艰苦的近距离的肉搏战之后，安东尼指挥军队将旧共和政体的支持者们一举歼灭。

此后，这个基础并不稳固的联盟达到了他们的目的：屋大维和安东尼将罗马共和国一分为二。安东尼控制东部各省，他把自己的首都定在雅典。屋大维则控制西部以及罗马城。

当安东尼遇上埃及艳后

屋大维开始统治罗马。市民们以为，和平的曙光已经到来，一个可以将恺撒之死抛于生活以外的时代已经到来。但事实上，自从恺撒遗嘱被宣读以后，安东尼和屋大维之间，一场决战风暴就已经注定，爆发只是一个时间问题。

开始，安东尼在罗马东部诸行省的所作所为完全无愧于他的荣誉与声望。他驱逐暴君、重建城市、免除赋税、赦免敌人（不包括杀害恺撒的凶手），把治下的各行省治理得井井有条，直到有一天，他见到了美艳聪明的埃及女王克娄巴特拉。

克娄巴特拉曾经是恺撒的情人，正是在恺撒的帮助下，她成为大权在握的一国之君。

克娄巴特拉治下的埃及，其兴衰关系到罗马的命运。几个世纪以前，古埃及人就掌握了相当完善的灌溉系统，他们的国家成为“世界的粮仓”，尼罗河每年泛滥所形成的肥沃三角洲滋养着不断扩张的罗马省份。而今，克娄巴特拉想利用安东尼，为她与恺撒生养的儿子讨回“恺撒”的名分与神权。对安东尼来说，埃及的重要性固然不能忽视，而只要克娄巴特拉和小恺撒还活着，他在雅典的政权的根基就无法根深蒂固，他决定见一见埃及女王。两人在一条游船上相会了。这次相会改变了整个罗马世界的轨迹。

一见面，安东尼故作威严地指责她在为恺撒复仇的战争中没有尽力，这位女王非但没有恐惧，反而慷慨陈述自己为帮助恺撒党人所做的努力和经历的危险。这番话起了意想不到的奇妙作用，令安东尼明白了为什么恺撒会一直迷恋着她，并把她推为埃及女王。克娄巴特拉又一次以她的美艳、聪颖俘虏了一位叱咤风云的罗马将军。

安东尼荒废了政务，除了那些能令女王感到高兴的事，他什么也不做。很长一段时间里，他穿着传统的东方服饰，和女王出双入对，习性也变得渐渐东方化。他常常身着希腊长袍和埃及式鞋子，不带任何警卫出入神庙和学校，完全像女王治下的一个普通人。

克娄巴特拉是希腊征服的古埃及托勒密王朝的后人，她的血管中燃烧着先祖亚历山大大帝的熊熊火焰。她觉得她可以借助安东尼的才干和势力建立一个新型的希腊－罗马王朝，重建亚历山大大帝和旧时法老的辉煌帝国。而安东尼也相信，他与克娄巴特拉的情感纽带将使他得到埃及的资源，帮助他最终获得伟大的恺撒王朝的统治权。

当安东尼在埃及坠入爱河的时候，屋大维正在罗马城里虎视眈眈。安东尼与埃及女王缔结的新联盟给了屋大维发动战争的口实。他四处游说，以险恶的宣传攻势破坏罗马贵族对安东尼的支持。他四处传扬有关堕落的东方的故事，贬低安东尼的形象。安东尼被描绘成堕落的海格拉斯，一位向女巫屈膝称臣，并放弃了尊严与灵魂的英雄。从屋大维的宣传中，罗马人看到了一个充斥着巫师、妖术、祭献和各种可怕行为的埃及，在那里，一半的人间恶魔得到祭拜，面皮皱褶的宦官将统领部队攻打罗马。

利用舆论的支持，屋大维不失时机地驱逐了罗马元老院中占有半数以上席位的安东尼支持者。随后，他向全体罗马市民公布了从神庙中抢到的安东尼的遗嘱。在这份遗嘱中，安东尼将治下的罗马帝国领土亚细亚诸行省赠予克娄巴特拉女王，以及女王与安东尼、与恺撒的子嗣。在罗马人看来，安东尼这是要把罗马的国土送给克娄巴特拉，这当然是不能让人容忍的。

屋大维的一系列举措可以算是人类历史上最成功的政治宣传运动之一了。几个星期后，群情激愤的罗马人纷纷要求屋大维对埃及和安东尼宣战。安东尼也被宣布为罗马公敌。

决战于风云之间

罗马历史上最大规模的内战即将爆发。

凭借宣传战的巨大胜利，屋大维赢得了罗马的民心，同时掌握了政治导向的主动权，帝国东方与西方的对峙已经势成水火。但是经过 10 多年的磨炼，早已老谋深算的屋大维并不急于开战，更不想冒险将战火引向罗马帝国本土。他要寻找另一个地方，与安东尼进行最后的决战。

屋大维首先必须组建一支舰队，因为多年的国内战争和海盗袭击已使罗马的海军岌岌可危。他看中了那不勒斯城外一个不会受到攻击的火山湖，他要在这里组建一支属于他的强大舰队。此后，斧凿敲打声与士兵操练声此起彼伏，造好的军舰被源源不断地运往半英里外的海域。

与此同时，在雅典和亚历山大里亚城，数千名工人正挥汗如雨地工作着，安东尼和克娄巴特拉也在组建自己的舰队。托勒密王朝的船只建造业非常发达，建造的舰船比罗马船更大。最后，安东尼和克娄巴特拉联盟的陆、海大军会聚了 9 万之众，他们期待着决战时刻。

安东尼和克娄巴特拉认为，胜利是唾手可得的。不过他们不知道，从真正的实力来看，屋大维要更胜一筹。帝国的西部行省都已向屋大维宣誓效忠，他的军队人数虽然略少，但装备精良，组织严密，战斗力更强。整个帝国的军队和资源都被调动起来，包括那不可忽略的埃及的资源。一场地动山摇的决战就要展开。

两大军团开始像两位决斗的勇士那样寻找彼此的弱点。安东尼在小城亚克兴的附近建立了军事基地。深谙谋略的屋大维很快便从奸细那里获得了情报，于是他率领军队从亚克兴以北的海岸地区登陆，并实现了他的第一个目标：使安东尼陷入包围。

当安东尼的舰队拼命向亚克兴运送军需用品时，僵局终于被打破了：屋大维的海军袭击了安东尼的舰队，许多战舰被击沉。

屋大维的海上突袭使安东尼元气大伤。公元前 31 年 9 月 1 日的傍晚，夜幕将至。由于缺少驱动舰船的人手，安东尼只得派人将自己的一部分战舰付之一炬，以防落入屋大维的手中。面对经久不息的熊熊大火，安东尼和克娄巴特拉相对无语。他们面临艰难的抉择。他们的海军、陆军都已陷入屋大维的包围，出路只有两条。一是依靠安东尼丰富的作战经验发动陆地进攻；二是从海上封锁线突围出去，并尽可能保存兵力和军用物资。

安东尼的士兵们吵着要进行陆地战斗，依靠实力将敌军一举击溃。但是克娄巴特拉坚持认为他们的希望之路在海上。此时的安东尼已经偏离了他作为一个军事统帅的理智，对克娄巴特拉言听计从，最后的决定在她的帐篷中做出了。

第二天清晨，安东尼下令剩余的230条战舰进入战备状态。虽然数量少了一半，但是安东尼的战舰体积庞大，他希望能从屋大维的封锁圈中杀出一条血路。

屋大维和他的副手阿格里帕不愧是精通韬略的军事家。安东尼很快就被围困了。这是罗马时代的最后一次大规模海战。700多艘战舰在数平方英里的区域内血腥拼杀。很快，屋大维的舰队就以灵巧、快速的优势使安东尼的大型战舰纷纷遭受重创。

此时风向突然转变，埃及女王看到了一线生机，决定率她的舰队逃走。酣战中的安东尼察觉到女王的行动后顿时丧失了理智，或许他认为克娄巴特拉关键时刻背叛了他，或许是想保卫女王的安全，总之，他命令自己的座舰去追赶女王的舰队。这一决定过于草率，安东尼完全忘记了自己一军统帅的身份。在他的士兵们看来，他的举动无疑是临阵脱逃。

安东尼将苦战的士兵扔在了一边。指挥官的缺席使安东尼的舰队成了任人宰割的对象。时间慢慢过去，凄厉的喊叫声不绝于耳。黄昏时分，海面上到处都漂浮着士兵的尸体和舰船的残骸。

安东尼的大批陆军只能在岸上眼睁睁看着这一幕悲剧发生。安东尼与其情人的逃亡使屋大维在作战心理上获得了决定性优势。此后不到一个星期，安东尼的陆军便全部缴械投降了。

亚克兴毁灭性的失败让安东尼和克娄巴特拉的梦想彻底破灭了。此战后，安东尼已无力回天。不到一年，屋大维的军队就胜利开进了埃及首都亚历山大里亚。安东尼自觉无颜面对他曾经不屑一顾的对手，拔剑自刎。

克娄巴特拉在她自己的宫殿里成了屋大维的囚徒。她试图再次征服一个罗马领袖的心。不过，屋大维却不受她的诱惑，只想把她铐在囚车里作为战利品押回罗马，让罗马人把她唾弃为毒蛇。她请求屋大维赦免她与恺撒的儿子也遭到了拒绝，小恺撒已经魂归西天。克娄巴特拉知道自己将作为战利品被游街示众，最终也选择了自杀。

埃及从此变成了罗马帝国的一个行省。

光荣属于希腊，伟大属于罗马

征服埃及后，屋大维无可争议地成了罗马的主人。在多年的内战之后，疆域广大的罗马共和国终于迎来了和平与统一。此时，屋大维再次显示出卓越的政治头脑。他深知恺撒就是因为过于炫耀权力而遭遇不测，于是他恢复了罗马共和政体的正常运转，只把自己称为“第一公民”（亦称“元首”）。从表面上看，似乎是元老院和年度执政官在行使着帝国统治大权，但事实上，国家权力仍被屋大维一人独揽。在和安东尼及其他敌手玩了整整 14 年谨慎、危险和耐心的游戏之后，屋大维终于得到了回报。

亚克兴之战结束 4 年后，元老院通过投票表决，授予屋大维一个新的封号——奥古斯都·恺撒。奥古斯都这一尊号意为“庄严、伟大、神圣”。这是他由一个凡人过渡为神的最后台阶。屋大维统治了罗马帝国 40 年，并一手将罗马城推为世界第一大都城。

亚克兴之战是历史的一次重大转折，罗马由此进入了前所未有的黄金时代，屋大维的统治标志着罗马帝国时代的开端。

屋大维以他的谋略和雄心，证明了他是一个和恺撒一样出类拔萃的人物。他的崇高威望为罗马帝国的统一和壮大奠定了基础。从屋大维统一罗马之日起，至其后的200余年的时间里，是罗马帝国最为辉煌的时期，帝国的面积近350万平方公里，管辖人口近1亿，地中海成为其内陆湖。整个帝国处于一种升平状态，史称“罗马和平”。在这一时期，帝国政治稳定，经济空前繁荣。气势恢宏的建筑和民众安居乐业的和平景象体现了罗马帝国政权的活力与强盛。这个横跨欧、亚、非三大洲的帝国，在长达400年的时间里将欧洲连为了一体，并使许多当时尚未开化的欧洲原始部落民族得到文明的洗礼，许多现代大都市如伦敦、维也纳、里昂等也都是在这一时期兴起的。与此同时，罗马帝国的水陆商道也四通八达，贯通了著名的丝绸之路。文化艺术在这期间也空前繁荣。

罗马帝国一路借鉴和发扬着希腊文明，并“以其厚实、伟大和创造性与古希腊文明一道成为欧洲文明和西方文明的共同源头”。屋大维开创的罗马帝国的黄金时代，对欧洲乃至世界的文明进程都产生了举足轻重的影响。

“光荣属于希腊，伟大属于罗马！”2000年后的今天，我们依然能够清晰地感受到这个庞大帝国的光辉与灿烂。

第四章

阿拉伯文明西入欧洲

罗德里克并不知道，一股动摇整个王国的力量正在南方集聚……

阿拉伯－伊斯兰文明通过西班牙辐射到整个西方世界。

神谕的历史

公元 5 世纪的欧洲，盛极一时的罗马帝国在匈奴人和日耳曼民族的冲击下，已然土崩瓦解。各路诸侯在这片昔日帝国的原野上竞相追逐、厮杀，把欧洲变成了一个血流成河的战场。在这片混乱的迁徙中，欧洲进入了一个黑暗时期。属于日耳曼民族一支的西哥特人，从德国东部向意大利、法国和西班牙不断地征战、迁徙，最终在欧洲西部的伊利亚特半岛，气候严酷的西班牙定居下来，并在这里建立了西哥特王国。

蛮族之所以被称为蛮族，是因为他们与同时代的罗马帝国的居民相比，还处于不开化的原始氏族阶段。他们的全部生活就是征战和掠夺。因此，西哥特人的统治给西班牙当地信奉基督教的农民带来了重重噩梦。史诗中对此写道："谁能形容这样的危险？谁能数清这令人悲伤的苦难？即使手指全部变形，也难以尽述这非人性的惨景。"在黑暗的苦难之中，时光流逝了 200 年。

故事的帷幕由此拉开……

公元7世纪初，西班牙仍由西哥特人统治着，不过，这时的西哥特人已经成了基督徒。当时的西班牙国王维提扎，在登基9年之后突然暴病身亡。依照惯例，每当国王年事已高，西哥特贵族便会推选出继任者，但维提扎的死令人猝不及防，他留下了一个危险的权力真空。在7世纪的欧洲，教会拥有很大的权力，在有的地区甚至成为一切法律的制定者和秩序的维护者。维提扎国王的死令教会忧心忡忡，他们认为一位新君主必须迅速登基才能使局势稳定下来。

历史这样记载着：就在此时，一位名叫罗德里克的男爵，在其支持者的煽风点火下发动了叛乱……

罗德里克其实只是西班牙南部小镇梅里达的一个地方贵族。虽然身为男爵，但其实没什么文化，不过是个剽悍粗野的汉子，但这并不妨碍他夺权的野心。他确信自己能够击败对手，最终夺取整个国家的统治权。现在机会就在眼前，他怎肯错过？

罗德里克很快组建起一支军队，向当时西班牙的首都托莱多开去。不得不承认，他确实具有西哥特人天生的骁勇和征战本事，很快，他就率领部下杀进了都城，控制了王室。

罗德里克在南方受到广泛拥戴，但是在北方，支持他的人寥寥无几。并且，即使罗德里克夺得王位，如果没有教会的支持，他的统治也难以为继。

不过好在与此同时，教会也在祈望有一位强有力的国王为他们提供庇护。教会决定支持罗德里克，他们认为他是最有可能统一西哥特王国的人。西哥特国王的王冠徐徐落在罗德里克的头上。那么，罗德里克果真能如教会所愿，完成统一大业吗？面对众多的挑战和动荡的时局，等待他的又将会是怎样的命运呢？

历史被引向了一个未知的方向。

根据当时的一些历史记载，罗德里克身材高大、生性急躁，对传统礼仪表现得极不耐烦。甚至在他的加冕典礼上，他都不肯耐心地多等一会儿。他擅自删除了一些在他看来不必要的繁文缛节，并一个劲地催促着主教快点把王冠戴到他的头上。

据说，在皇城中有一座紧紧锁闭的古塔，在塔的顶层是一间被人们称为“智慧之屋”的小屋，其中隐藏着一个天大的秘密。但是没有人能说出这座古塔始于何时，也没有人能了解智慧之屋的秘密。因为人们都说，擅自开启小屋，窥探秘密的人将受到不可思议的报应。

西哥特王国有一项习俗：每一位新任国王都要在智慧之屋的门上增加一把锁，以保护屋中的秘密。

然而，喜欢尝试和冒险的罗德里克对此毫不理会。在一个黑暗的夜晚，他忽然心血来潮，爬上了塔顶。令人惊骇的是，他命令古塔的看护人打开了所有的锁，然后手持烛台，一个人进入了那间屋子。

小屋里四壁空空，只是在正中间放着一张桌子，桌上放着一个镶嵌着珠宝的盒子，上面落满灰尘。

罗德里克凝神片刻，缓缓打开盒子。在烛火的照耀下，他看到盒子里静静地铺了一张羊皮纸，除此之外别无他物。他无论如何想象不到，写在羊皮纸上面的是一句可怕的预言：“出于明智而锁上的这间屋子和这个宝盒一旦被打开，那么，出现在这里的这个民族、这个国家和这个王朝都将寿终正寝。”

突然之间，一种不祥的预感袭遍罗德里克全身，他慌不迭地退出了小屋。跟着他一同退去的，是他那在烛火的照映下黑黑的、变幻莫测的背影。

此后几周，罗德里克一直在为自己的莽撞而懊悔不已。

不过，巴斯克人在西班牙北部发动的连续攻击让他很快就将这种懊悔抛到了脑后。罗德里克知道，如果他无法制服巴斯克人，那么其他地方也必将爆发战乱，于是他率领大军奔赴北方战场。

罗德里克并不知道，一股动摇整个王国的力量正在南方集聚。

在浑然不觉的背后

西班牙南部沿海面临的就是有名的直布罗陀海峡，越过 40 多公里的海面就是非洲北部大陆。

公元 711 年，一个彩霞满天的傍晚，一个身着白色战袍，腰挎弯刀的阿拉伯人立在直布罗陀海峡岸边的丹吉尔港口，正向西班牙这边凝望。这个阿拉伯人就是当时阿拉伯帝国北非地区的行政长官穆萨·艾宾·纽萨伊。

此刻，站在穆萨身旁的是一个叫塔里克·艾宾·吉亚德的柏柏尔人。在他们身前的海港上，数百名柏柏尔士兵牵着各自的战马分别登上了 10 多艘大船。这些柏柏尔战士都是塔里克的部下。他们的目标是海的对面——西班牙。

穆萨是阿拉伯历史上一位著名的英雄，是一个军事才能卓越的统帅，他曾为阿拉伯帝国的急速扩张立下汗马功劳。当穆萨得知西哥特王国正处于内乱之中时，他立即意识到征服伊比利亚半岛的机会来了，于是迅速将矛头转向了西班牙。塔里克和他手下的战士就是他突袭西班牙的利器。

为什么阿拉伯人会出现在北非，并对欧洲觊觎不已？这还得从一个叫穆罕默德的人说起。

穆罕默德是公元6世纪阿拉伯半岛上的一位成功商人。传说天使加布里艾尔在一系列梦境中将神的箴言透露给了他，他由此创立了伊斯兰教。

伊斯兰教奉“伟大的安拉”是无所不能、无所不在的唯一真主，穆罕默德是安拉的信使，是在人间的最后一位先知。

真主的教诲都被一一记录在《古兰经》中。《古兰经》中有这样的话：“以主赋予恻隐之心的名义，颂扬你们主的名字。他用凝集的血液创造了人类。称颂吧！你们的主是那样慷慨大度，他用笔开化你们、指引你们。”信奉伊斯兰教的信徒被称为“穆斯林”，意为追随先知的人。

在穆罕默德创立伊斯兰教之前，阿拉伯半岛还处在游牧部落各自为政的状态；在有了伊斯兰教之后，穆罕默德的追随者们横扫中东地区无数的村落、乡镇、城市和国家，以惊人的速度建立了一个庞大的帝国。

在其他军队依然行动迟缓之时，阿拉伯人却能全天伏在马鞍上，长距离奔跑、战斗，出其不意地打击对手。他们懂得以闪电般的速度攻破敌人的薄弱环节，然后补充食物、征募新兵，以滚雪球的方式不断进行扩张。依靠阿拉伯传统的骑兵战术，他们很快就征服了所有敌对势力。进而，这些阿拉伯人开始向更广大的疆域扩张。

全副武装的阿拉伯人从麦加出发，他们的马蹄踏过波斯，跨过印度，闯入埃及，穿越北非，像一场熊熊大火蔓延到四面八方，在不到半个世纪的时间里，就建立起一个横跨亚洲和非洲的庞大帝国。伊斯兰教也得以四处传播。到公元7世纪初，他们的马蹄已踏至欧洲边缘。

阿拉伯帝国的统治者被称为“哈里发”，意为先知的代言人。公元708年，新任哈里发瓦利德任命穆萨为北非的行政长官。当时的北非，是拜占庭帝国的势力范围。穆萨以摧枯拉朽之势，很快席卷了马格里布，夺取了丹吉尔港，清除了拜占庭人在北非的势力，并彻底挫败了北非当地的土著民族柏柏尔人的抵抗，成为地中海南岸的主人。与此同时，穆萨的海军袭击了西西里岛、撒丁岛、马略卡岛和梅诺卡岛。穆斯林的领土一直扩大到大西洋沿岸。

在阿拉伯人征服拜占庭帝国控制的北非之前，他们已经与拜占庭人进行了30多年反反复复的征战，而征服柏柏尔人的战斗更是一场在文化上和战场上的双重胜利。

柏柏尔人是一个凶猛无比的种族，“柏柏尔”在拉丁文中的意思就是“粗野、凶猛”。至少在公元前3000年左右，他们就遍布北非大地。在阿拉伯人到来之前，柏柏尔人被拜占庭人所统治，但他们从没有停止过反抗；阿拉伯人杀入北非后，他们又进行了长达30多年的抗击。但是阿拉伯人的军队远比已没落的拜占庭人犀利得多，战场失利之后，柏柏尔人不得不躲进山中的要塞。在那里，他们仍然时不时地伏击阿拉伯人，一次突袭中，他们甚至击毙了阿拉伯军队的最高指挥官。

最终征服了柏柏尔人的是阿拉伯人的文化。原来，尽管拜占庭人统治北非的时间很长，但由于他们的文化与柏柏尔人的文化大相径庭，因此，执拗的柏柏尔人并没有受到拜占庭文化太大的影响。与此相反，柏柏尔人与阿拉伯人的社会发展水平、地理环境和生活习性都比较接近，因此，柏柏尔人更易于接受伊斯兰教的意识形态和阿拉伯的风俗习惯。于是，他们转而信奉伊斯兰教，为阿拉伯而战。

前文说过的塔里克就是柏柏尔人的杰出领袖，他就像眼镜蛇一般勇猛强悍、无所畏惧。在与阿拉伯人对抗的过程中，由于战败，他的家族成了阿拉伯人的奴隶，改信伊斯兰教。

为了准备对西班牙北部发动攻击，穆萨到处招兵买马。他听说了塔里克在柏柏人心中的威望后立刻找到了塔里克，宣布塔里克因其忠诚而获得了自由。穆萨将袭击西班牙的任务交给了塔里克，让他率领他的战士组成奇袭部队，首先对西哥特人的防御力量做一次“检验”。

就在公元 711 年的这一天，塔里克的船队悄悄向西班牙进发了。700 多名柏柏尔战士以及他们的指挥官塔里克，都没有意识到他们这一次突袭行动将改变历史。

这时候，西班牙国王罗德里克还在北方征讨巴斯克人，对这一切浑然不觉。

国王死了，王国开始崩溃

从丹吉尔港穿过 40 多公里的海面就是西班牙。塔里克率部在一块大岩石的底部登陆了，这就是今天的直布罗陀海峡的由来。在阿拉伯语中，直布罗陀的意思就是“塔里克的石头”。

出乎意料的是，他们上得岸来，竟一路畅通，几乎没有一颗绊脚石——西哥特人正处于自相残杀的混乱之中，无法组织像样的抵抗。罗德里克尚在北方进行统一西班牙的战斗，他怎么也不会想到，阿拉伯人已经派柏柏尔人在他背后展开行动了。

塔里克也未料到事情会进展得如此顺利。他小心地从直布罗陀向前推进，并在西班牙海岸建立了控制区，步步为营，一点点扩大战果。当柏柏尔骑兵掠过昔日罗马帝国的废墟时，西哥特人的王国开始崩溃。

西哥特人终于被惊醒了！策马狂奔的信使将一封又一封紧急信件送往西班牙国王的营地。依然身陷北方的罗德里克接到警报：南方正面临巨大威胁！

但是，当得知入侵者只有区区几百人时，罗德里克并没有怎么在意，认为自己完全可以轻松击退入侵者。所以，没等调集更多兵力，心急气躁的罗德里克便动身返回南方。

长途跋涉之后，罗德里克率部筋疲力尽地进入了瓜达尔基维尔河谷。柏柏尔人就在眼前，这时他们已推进到了西班牙的腹地。

7 月 19 日，西哥特人摆开阵势准备同来犯之敌展开决战。他们的作战习惯是：等到双方驻扎完毕后再进行面对面的对决。但这一次，他们的敌人却没有这种习惯，柏柏尔人飘忽不定、勇猛年轻，进攻速度快如闪电。

战斗展开之后，塔里克一直率领他最精锐的战士在高处冷眼旁观，直到他的部队将疲惫不堪的西哥特人团团围住。眼见时机成熟，塔里克大手一挥，他的柏柏尔勇士们立即向罗德里克直扑过去。

罗德里克受到了围攻。他拼死冲杀，最后血染沙场，一命呜呼。

瓜达尔基维尔河谷一战塔里克以少胜多，取得了完全的胜利。这关键的一战使整个西班牙向征服者敞开了大门，塔里克从此长驱直入，势如破竹。

塔里克取得胜利的消息迅速传到了穆萨耳中，他知道西班牙现在已是他的囊中之物。穆萨随即亲率万余大军在西班牙南部登陆，他要彻底征服西班牙。

罗德里克之死使西哥特人在绝望中四分五裂，各自为战。不到一年时间，塔里克就夺取了科多巴和都城托莱多，随后，穆萨攻陷了塞维利亚。

经过一连串的胜利之后，两位统帅会师了。穆萨有意羞辱塔里克，他时刻强调着塔里克的从属地位，并当众宣称，统领全局的不是别人，而是他，穆萨！

这之后，穆萨指挥着阿拉伯和柏柏尔人联军，相继又攻陷了萨拉戈萨、阿拉贡、莱昂、阿图里亚斯和加利西亚等地。

梅里达城是阿拉伯人在征服西班牙的过程中遇到的最大的挑战。阿拉伯军队包围了梅里达城，罗德里克的残部在这里顽强抵抗。西哥特人在城中死守 4 个月，直到弹尽粮绝才投降。残暴的穆萨让梅里达所有的男性人头落地，妇女和儿童沦为奴隶，以此作为不服从者的榜样。梅里达的惨剧让西班牙许多城市举起了白旗，他们与穆萨签订了条约。

阿拉伯人的征服原则是，凡是把自己交给真主保护的人都不会被处死，不会变为奴隶，也不会被迫骨肉分离，甚至他们的宗教活动也将不受打扰，他们的教堂也完好无损。不过，所有的西班牙城市都必须上缴年度赋税。

在征服西班牙的数年间，穆萨为阿拉伯帝国和他本人聚敛了大量的财富。但他没料到，远在大马士革的哈里发瓦利德对于他的权力与财富开始嫉恨不已。

公元 714 年，穆萨奉召返回家乡，并前去朝见哈里发瓦利德。穆萨根本没意识到哈里发瓦利德已对他心存嫉恨，他从西班牙带回了大批的黄金白银、各种奇珍异宝以及价值连城的装饰器物。据记载，由被俘虏的王子、公主和携带礼品的奴隶们组成的凯旋队伍，浩浩荡荡，蔚为壮观，延绵数里之遥。

哈里发瓦利德表面上盛情接见了穆萨，但在随后不久，便大肆贬低穆萨的所作所为，并寻机以侵吞战利品罪，对其施以重罚，甚至把他判为死罪，直至他上交了自己所有的财产才侥幸保住一命。

最终，穆萨在穷困潦倒中度过了余生。

穆萨倒台后，塔里克也被剥夺了指挥权，他被迫离开西班牙回到了柏柏尔人世代生活的北非，从此销声匿迹。

文明之花开在欧洲一隅

在穆萨和塔里克身后，阿拉伯人对西方世界的征服止于法兰西国王查理·马特的剑前，但这并不影响阿拉伯人把西班牙变成帝国的一个行省。阿拉伯人把这个省区叫作“安达卢西亚”，意为“汪达尔人的土地”（汪达尔人也是日耳曼部落的一支）。

阿拉伯人对西班牙乃至整个伊比利亚半岛的征服成为欧洲历史的一大转折点，阿拉伯－伊斯兰文明辐射西方世界，影响了世界历史的进程。

阿拉伯人把先进的灌溉技术和其他农业技术从中东引入了西班牙。他们带来的希腊文和阿拉伯文手稿对西方数学、哲学、科技以及艺术均产生了极其深远的影响，而欧洲文明也通过西班牙影响着伊斯兰社会。这是伊斯兰文明与基督教文明充分交融与碰撞的时期。

如果阿拉伯人不入侵西班牙，或者罗德里克取得了胜利，那么西方文明就会呈现另一种面貌。随着公元 476 年西罗马帝国的覆灭，欧洲开始了被称为“黑暗时代”的历史，在日耳曼民族的统治下，整个欧洲变得动荡不安、民生凋敝，人们陷入了漫长的恐慌。曾经辉煌一时的古希腊和古罗马文明随着西罗马帝国的覆灭而衰落、逝去。日耳曼民族的统治者根本意识不到这些文明瑰宝对人类发展的价值，要么把它们束之高阁，使之成为教堂中残存的文稿；要么对它们进行毁灭性的破坏，就像当年汪达尔人进入罗马城后烧毁了几乎所有的学术文稿。而拜占庭帝国虽然仍保存着古希腊哲学和自然科学方面的文稿，但占统治地位的教会始终禁锢它们的发展。中世纪的欧洲社会，文明出现了倒退，而这种倒退竟然令人难以忍受地延续了长达千余年。

幸运的是，当欧洲经历着黑暗之际，阿拉伯人以宽容之态，继承和发扬了古希腊和古罗马的文明成果，并在此基础上发展了自己的阿拉伯文明。这些文明成果最终从西班牙传入欧洲大陆，直接导致了欧洲伟大的文艺复兴运动。如果没有阿拉伯人对古希腊和古罗马文明的继承和发展，也许它们就会渐渐地被欧洲人遗忘在艰难的生活之中，我们也就看不到达·芬奇的《蒙娜丽莎》和莎士比亚的悲喜剧，当然，哥伦布也许就永远不会发现美洲新大陆。历史也许就是另外一个样子了。

第五章

一场瘟疫改变的中世纪

因为死者皮肤呈黑紫色，这种可怕的疾病因而得名“黑死病”。

黑死病使人们更加信仰上帝，但却对现有的教会体制产生了怀疑；劳动力的匮乏，彻底打破了雇主与雇员之间固有的均势；毫无疑问，旧有的一切权威和传统遭到了摈弃。此后欧洲社会开始了巨大的变革。这种变革是如此猛烈，不但掀翻了宗教在中世纪长达千年的黑暗统治，更把人类社会带入了一种全新的社会形态。黑死病改变了欧洲。

恶魔的“圣经”

1345年，在黑海之滨富饶的克里米亚半岛，谣传一股正在东方肆虐的瘟疫正在到处蔓延。但是，当时更让人胆战心惊的不是传说中的瘟疫，而是所向披靡的蒙古大军。蒙古人已经打到欧洲边缘。克里米亚半岛上的卡法城就是意大利商人建立起来的设防城市，而蒙古人已经兵临城下。

这场战争的起因不过是一群意大利商人与当地的穆斯林居民在街头发生了争执。这场小范围的冲突骤然升级，穆斯林于是向挥戈西进的蒙古人寻求救兵。正欲征服整个克里米亚半岛的蒙古王子，借此机会毫不犹豫地发兵，将这群意大利商人和东罗马帝国的守军团团围困在卡法城墙之内。

卡法坚固的城防和守军的顽强抵抗，使驰骋纵横的蒙古大军也一时难以攻克，围困整整持续了一年。这时传说中的恐怖瘟疫开始在蒙古军队里暴发，士兵们纷纷倒下，蒙古军阵营里再也听不到那种剽悍狂野的喊杀声。面对部下空前的疲软状态，蒙古王子被迫决定终止围困。

卡法城的守军并不知道蒙古军营中发生了什么，他们只是很奇怪，为什么一向攻势凌厉的蒙古人会忽然变得沉静了，有好些天都不见进攻了呢？难道说蒙古人久攻不下已经放弃了，还是说他们在积蓄新的能量，准备发起更强势的进攻？在纷纷的猜测中，已经筋疲力尽的卡法守军度过了一段难得的平静日子。

然而，就在几天后的一个早晨，卡法守军吃惊地发现，蒙古人又在城下摆开了攻城的阵势。而且这一次，他们似乎改变了战术，不再使用云梯，也不再无谓地让成千上万的士兵蚁附城墙强攻，而是在城墙外架起了一排排三人多高的巨大的木质抛石机。他们要向城里发射炮弹！卡法守军战战兢兢地等待着，不知道即将降临到头顶的会是怎样的命运。

随着蒙古王子一声令下，无数致命的新式投射弹向卡法城飞来。刹那间，卡法守军一个个全都惊呆了。上帝啊，那些炮弹……全都是人！

卡法守军一时还没反应过来是怎么回事，一具具被瘟疫感染、正在腐烂的士兵尸体就已被猛然抛入空中，飞进卡法城内。卡法城就这样堆满了死尸。

不久，对卡法守军来说不知如何处理的这些腐尸就开始污染空气、污染水源。人们终于明白了蒙古军的用意，因为卡法城里也开始暴发那种令人恐怖的瘟疫——黑死病。患这种病的患者开始时出现寒战、头痛等症状，继而发热、谵妄、昏迷，皮肤广泛出血，身长恶疮，呼吸衰竭；快则两三天，多则四五天，就纷纷死亡，死后皮肤常呈黑紫色，这种可怕的疾病因而得名“黑死病”。当时的人们并不知道这就是鼠疫，一种由鼠疫杆菌引起的烈性传染病。不到几天，城墙内的卡法人便纷纷丧命，城里街道边上到处是身上长满恶疮、黑斑的死尸，卡法成了一座人间地狱，侥幸活下来的人一个个蒙着黑纱，惶惶然地逃向城外。

卡法城中的意大利商人就这样踏上了逃亡之路。他们上了帆船，准备返回意大利老家。然而，这些人哪里知道，与他们随行的还有传播黑死病的罪魁祸首——老鼠和跳蚤。经过跳蚤传染的老鼠爬上泊船缆绳，藏进货舱，随着帆船驶向地中海。

意大利商人的船队还在海上的时候，卡法城被黑死病笼罩的消息已经传遍四方，欧洲一下子变得人心惶惶。船队长途跋涉回到意大利，但没有人同意他们靠岸，因为船行驶在海面上的时候就已经有人感染了致命的病菌，水手们纷纷死去。

1347 年 10 月，这批商人最终抵达了西西里的墨西拿港。惊恐不安的港口负责人对船只进行了隔离，可惜为时已晚。就在第一根泊船缆绳连接到岸上时，老鼠已经率先登陆，简短的停靠已足以使黑死病登陆欧洲。

从卡法城里逃出来的，当然不止意大利商人这一批船，他们停靠的港口也不止一个两个。因此，逃亡者很快把黑死病带到了整个欧洲，不仅欧洲大陆，连英伦三岛和北非国家也都无一幸免。欧洲历史上开始了最骇人听闻的恐怖的灾难。1348 年的欧洲人口过剩，灾难不断。战争、农业歉收、饥荒和其他流行病的暴发已使孱弱的欧洲举步维艰，新的瘟疫恰逢此时“登门造访”。在短短的两年内，黑死病就把欧洲近 1/3 的人口送入地狱，2000 多万人消失。

众所周知，欧洲黑暗的中世纪是与教会的统治联系在一起的，而黑死病带来的大毁灭成了历史的转折点。这次大毁灭使欧洲人口骤降，变得满目疮痍、面目全非。许多幸存下来的人因此对旧制度质疑，对传统的价值观产生动摇。因此有人说，正是黑死病的流行，客观上摧毁了旧有社会体系，使欧洲迎来了文艺复兴的黎明。也许这是事实，不过，即便这场恐怖灾难结束后，劫后余生者背负着深重的苦难，还仍然难以走出灾难的阴霾，其代价之惨痛令人不胜唏嘘。甚至即使在今天，我们依然能从幼儿园孩子们所唱的歌谣中感受到那股弥漫的恐怖气息："一圈圈玫瑰花开，花束装满口袋。阿嚏，阿嚏，我们全都死去……"

恍如世界末日

蒙古王子的细菌战不过是关于黑死病的众多传说中的一个，14 世纪这场扫荡欧洲的瘟疫到底是如何起源的，我们已无法确切地知道。但有一点可以肯定的是，至少几百年来，在中亚的多湖地区，一种杆状鼠疫耶尔森氏菌一直潜伏在野生啮齿动物的血液中，伺机侵扰人类。

1338 年左右，一次干旱或地震严重破坏了生态平衡，于是，在自然本能的驱使下，这种杆状细菌开始了它的杀人之旅。

瘟疫从中亚的发源地动身，开始向人类居住地慢慢迁移。它们寄生在老鼠的血液里，或者跳蚤身上。受到感染的老鼠沿着商道将病菌迅速传播出去。瘟疫的祸水就这样首先涌入了中国，然后向南冲击印度，继而席卷小亚细亚和欧洲。它抵达克里米亚半岛用了不到 8 年的时间，传遍欧洲则只用了不到两年的时间。

黑死病之所以在欧洲传播特别迅速，是和当时欧洲人的生活状态有密切关系的。据说，当时欧洲的城市卫生状况相当差。无论是在伦敦、巴黎，还是在罗马，狭窄的街道上到处都是淤泥、垃圾和粪便，动物的尸体随处可见。拥挤的房屋通风不畅，采光不良。贵族之家尚且多人住在一个房间，中产阶级和穷人家，干脆七八个人挤在一张床上，有的家庭甚至连床都没有。当时人们很少洗澡，从农夫到贵族，身上都是虱子、跳蚤乱爬乱蹦。

在中世纪的蒙昧与黑暗中，人们根本不了解黑死病的传播途径。人们并没有注意到老鼠这个不速之客，更没有把常见的跳蚤和黑死病联系在一起。在带病污物中滋生壮大的跳蚤吸附在死者的衣物上，这些衣物又被卖掉或送人，黑死病随之蔓延。

在这种卫生状况下，黑死病登陆墨西拿不到一个星期，瘟疫便在整个西西里传播开来。装载着带菌老鼠这类致命货物的船只成了最有效、最迅捷的瘟疫传播途径。一条船在港口内停泊几天，整个城市就会暴露在死神的魔爪之下。瘟疫从西西里向内陆扩散，横扫整个意大利，沿商业通道向四面八方蔓延，死亡的气息笼罩了整个大陆。

装满尸体的车子洪水一般涌向教堂。教堂成了芸芸众生寻求解脱的避风港。人们难以解释生活的变幻无常，他们来到教堂，向牧师寻求精神支撑和安慰。

芳济会修道士迈克来自皮亚萨，瘟疫到达墨西拿港时，他正在那里的教堂当牧师。他忠实地记录下了当时的情景："如果有人染上瘟疫而死，那么所有拜访过他、和他做过生意甚至把他抬到坟墓里的人很快都会步其后尘。"

迈克祈求上天阻止这种怪病的蔓延。但是，他的祈祷没有得到回应。人们日夜不停地掩埋着送来的死者，仪式变得非常简短。死者的房子被封闭，没有人敢踏进一步。

黑死病迅速向周围乡村扩散，没有人能够躲过此劫。迈克相信瘟疫为上天所遣，人类无力与之抗争，他希望为病人带来精神上的安慰，因此踏上了环岛之旅。

迈克看到，每天黄昏，就有人推着独轮车，手里摇着铃到处喊："收死尸了，收死尸了……"于是家家户户就都把死者的尸体抬出来，搬上车，推到城外焚烧。人们甚至已无心将死者送入教堂，为死者举行葬礼，因为许多牧师也已命丧黄泉。也许是上帝给了迈克勇气，使他走出死亡的阴影，如实记述了这幕悲剧。他写道："受害者发病那一天，水疱和疖子出现在胳膊、大腿和脖子上。他们非常虚弱，备受折磨，只能倚靠在床上。不久，疖子变成核桃那么大，然后变成鸡蛋或鹅蛋大小，那种感觉痛彻心扉。病症会持续三天，到了第四天，又一个孤魂升入了天国。"

面对这场可怕的瘟疫，人们陷入了深深的恐惧之中。他们仿佛在见证世界末日的来临，上帝在惩罚地球上的一切罪恶。虔诚的人们在祈求上帝："仁慈的上帝啊，请求你平息你的怒气，请不要以这种方式来毁掉世间所有的人，不要让正义与邪恶一起受到责难。"

然而，上帝拒绝做出回应。绝大多数人相信，地狱正在降临人间。也许在基督现身来评断是非以前，邪恶最终会取得胜利。

每天有成百上千人死去，迈克成了少数幸存的牧师之一，还能为死者举行宗教仪式。但这种仪式已不是单为某一个死者而做，而是面对着成堆的尸体。每次下葬要埋掉几百具尸体，地点是城外的瘟疫填尸坑。随着死难者的不断增加，甚至再也没有空余的地下坑穴进行掩埋，尸体遭到了随意抛掷。

迈克哀叹着写道："还能说些什么呢？尸体被停放在自己家中无人过问，牧师、死者的儿子、父亲和亲属都不敢走进房间。"

对于 14 世纪的欧洲人来说，黑死病恐怖异常：一旦染病，几乎没有可能康复；传播速度极其迅猛，似乎一个人就足以传染全世界。被吓坏的民众甚至把仍然活着的染病者的门和窗全部用木板钉起来，最终让他们在里面饿死。恐慌则继续在幸存者中间蔓延。由于恐惧深入人心，兄弟姐妹之间、叔侄之间、夫妻之间互相抛弃，更有甚者，父母丢弃孩子而不加照料。人们纷纷抛弃病人，丢掉家产，以期保全自己。有的人结成小社区，过一种与外界全然隔绝的生活。他们把自己关在没有病人的房子里，有节制地吃着最好的食物，喝着最好的葡萄酒，回避同任何人的接触，隔绝任何关于死亡与疾病的消息和讨论。还有些人正好相反。他们认为及时行乐有利于抵御黑死病。于是，从酒馆到酒馆，他们饮酒放歌，寻欢作乐，不舍昼夜。有时，他们也闯进别人的房子，寻找愉悦感官的刺激。由于当时许多人舍家弃产，他们的这种行为得到纵容。结果，许多房舍成了公共财产，这些人使用别人的物品，仿佛在使用自己的一样。行政官吏与司法人员几乎消失，因为像其他人一样，他们非死即病，或干脆把自己和家庭封闭起来，疏于职守。

还有的人不像上面两种人那样走极端。他们没有蜷缩家中，而是手拿香花、香草或香水在户外放风，他们认为这些气味有利于大脑放松。

也有一些人认为只有一种药能够克服黑死病的袭击，那就是直接逃离它们。于是，大批人离弃了他们的城市、家园、居所、亲戚、财产，只身逃到国外或至少逃到乡下。

意大利作家薄伽丘的名著《十日谈》描绘的就是黑死病流行期间，一群青年男女躲在佛罗伦萨附近一所乡间别墅中，讲述故事聊以度日的情形。

然而山野乡村也非圣地，这里也到处流传着无人村的故事：“方圆数英里内满目荒凉，横尸遍野……”

人们从理性到近乎疯狂的举措，并没有阻止瘟疫的肆虐，黑死病的幽灵仍在暗中大笑。

蒙昧的抗争

14 世纪中叶的这次黑死病大暴发，其传染性之强、死亡率之高，在人类历史上堪称绝无仅有，瘟神所到之处，尸横遍野，人烟断绝，人们在绝望中变得歇斯底里，极其脆弱。那时人们的医学知识还无法正确判断病因，但是惊恐万状的人们又需要找到对灾难的解释，让自己摆脱无边无际的绝望。他们用自己能理解的方式，展开了抗争。

传教士盖伊·德·希利亚克是教皇的私人医生，1438 年年初，他得知了黑死病几周后将抵达法国，抵达阿维尼昂教皇宫廷的消息。希利亚克研究了恒星和行星的运行，并把这一发现报告给教皇克雷芒六世。

他像煞有介事地向教皇说道 :“天空中的奇异景象是这场瘟疫暴发的征兆。1345 年 3 月 20 日午后一小时，三颗行星在宝瓶座会合，这是死亡的象征……”他说，天空中那厚厚的云层、强劲的热风、陨落的星辰和漫天的火柱，这一切都是上天在警示，一场可怕的灾难即将来临。

希利亚克不完全是信口雌黄，他曾在巴黎查阅过阿拉伯哲人和科学家的著作，以及医学院的报告，试图从中寻找逃避这一劫难的途径。在书中，哲人建议用烈火净化被污染的空气，驱逐携带病菌的云雾，希利亚克采纳了这一建议。因此，当瘟疫到达教皇宫廷时，希利亚克命人在教皇所属区域内燃起了熊熊大火，然后让这位教皇在大火之间就座。

教皇身边的丛丛烈焰在瘟疫横行阿维尼昂的 4 个月里日夜不息，老鼠和跳蚤难以穿越这层灼热来传播疾病。教皇就这样被完好地隔离起来，安然度过了整个夏天。与此同时，阿维尼昂城内正有成千上万人命丧黄泉。

当时这种疾病使所有的医生愧疚难当，因为他们根本无法为别人提供什么帮助。他们弄不懂疾病从何而来，不知道传染的原因，不知道传染的渠道，也不知道什么时候才是尽头。如果他们冒险去探访病人，既不起任何作用，也收不到诊费，因为所有受感染的人都在死去。医生们束手无策，许多医生本身也成为受感染的被害者。

希利亚克也是一名医生，他并不完全相信天象之类的迷信说法，只是限于当时的认知水平，他也全无办法。不过他却能不顾个人安危去探访整个流行病区的患者。极度紧张的几周过后，希利亚克自身也染上了疾病。病魔在摧残他的肉体，病情在不断恶化。他靠在床上，面对这难以摆脱的厄运。

希利亚克表现出了一名医生的理智和科学态度。他进行自我治疗。他认为自己是沾染了被污染的雾气而患病，于是便采用当时常用的出血疗法，用一个烧热的杯子把血液吸到皮肤表面，然后抽出毒液。在接下来的 6 个星期里，一旦体力有所恢复，他就详细地记下症状。令人惊奇的是，他的病情渐渐有了好转。

逃脱瘟疫魔掌的希利亚克更加坚定了研究下去的决心，他开始解剖病死者的尸体。解剖尸体曾被教会视为大逆不道，而今，教皇本人不但予以支持，而且也对死者进行祝福。希利亚克的研究不久便取得了进展。在他留下来的著述里，黑死病共有两种类型：第一种是持续发烧和喷血，有这种症状者 3 天后死亡；第二种也是持续发烧，但是腋窝和腹股沟处会出现痈疮，病发者 5 天后死亡。

希利亚克正确判断出了鼠疫的两种类型，即肺鼠疫和淋巴腺鼠疫。第一种肺鼠疫，它的感染性更强，比第二种淋巴腺鼠疫更为致命。这个发现意义重大，但仍没能解释黑死病何以传播得如此猛烈，人们也仍然无从预防。

而且，希利亚克的研究从另一方面更加动摇了人们对医生的信心。既然教皇的御医也无法解释黑死病的成因，人们也就不再信任医生，有钱人继续向疫区之外逃离，多数人却是一筹莫展，成了偏方和巫术的牺牲品：有人试图服用雄鹿的角或黄金粉末制作的药片来治病；还有人拿着一只活青蛙，把它的肚皮紧贴在瘟疫的痛处。巫师声称，如果这只青蛙发病，病人就能逃离一死。

在绝望之中，一种宗教的解释流行起来，即黑死病是上帝对人类的惩罚。人类罪恶深重，不采取这种方式，人们的原罪不能救赎，新罪会继续增加。一时间，向上帝坦白罪恶、祈求宽恕成为主要的治疗方法。虎口余生的教皇也在想方设法地制止瘟疫向其他地方扩散。他组织起了虔诚的仪仗队，一种自我惩罚的新型教派由此滋生。这是一种更为极端的方式。参加教派的人组成了自笞队，他们通过严酷的自我鞭笞来清除人们身上的罪恶，以获得上帝的宽恕。自我鞭笞者在乡间漫游，一个村镇一个村镇地游行，每到一个公共场所，他们就鞭笞自己，抽打脊背，直到鲜血淋漓。在这样的仪式中，人们就地死亡是常有的事。当他们离开该地时，就说服当地人加入。最后，这一股股的自我鞭笞者往往会聚成 200 至 300 人，有时达上千人的队伍。

虔诚的自我鞭笞者相信这种自我折磨的方式会使上苍收回毒咒来拯救世界。然而，不久之后，这些人就像病毒一样变异了：他们开始公开批评天主教堂在这个关键时刻令人失望；他们破坏正常的宗教活动，并劫掠教堂的财产。

有些自我鞭笞者不认为这场瘟疫出于天谴，出于上帝的愤怒，而是认为这是魔鬼撒旦的阴谋。为了寻找替罪羊，他们竟无耻地指责犹太人向饮用水中投毒。一些人认为，犹太人在大灾难面前虽然也难免被殃及，但与欧洲其他民族相比，境况却好得多。殊不知，犹太人被迫生活在“隔都”（中世纪犹太人聚居社区）里，这种自成一体的封闭环境，虽然打着种族歧视的深深烙印，但从另一方面，也仿佛构筑了一道厚厚的屏障，在一定程度上阻挡了盛行于外界的瘟疫病菌渗透进犹太社区。此外，多数犹太人养成了相对当时其他欧洲人更为良好的卫生习惯。因而瘟疫肆虐时，犹太人受到的冲击较小。但是，疯狂的人们已注意不到这些，犹太人的厄运在一些自我鞭笞者的指责和煽动下开始。愤怒的人们开始围攻犹太人，那些在黑死病中幸存的犹太人被活活烧死或被残忍地绞杀。犹太人在整个欧洲留下了一段悲惨的记忆。

教皇最终意识到，正是他本人怂恿的这场运动对社会秩序造成了威胁。他致信欧洲各国君主，命他们镇压自我鞭笞者。自我鞭笞者的运动终于流产，然而，他们发出的另一种声音却动摇了教会的绝对权威。这些怀疑的声音将在 150 年后的宗教大变革中卷土重来。

该死的，总算现形了

在历史上，黑死病不止一次袭击过人类，它曾经是肆虐最久、杀人最多、最神秘最可怕的敌人。

公元前 430 年，在伯罗奔尼撒战争期间，一场黑死病袭击了雅典，导致城里 1/3 的人口死亡，其中包括雅典的平民领袖伯利克里。

公元 2 世纪和 3 世纪，罗马帝国曾多次发生过黑死病。其中发生在罗马皇帝马可 · 奥勒留统治时期公元 161 至 180 年的一场黑死病，持续时间竟长达 19 年之久。

公元 541 年，拜占庭帝国发生黑死病，流行地区包括中亚、南亚、阿拉伯半岛、北非、伊比利亚半岛、丹麦和爱尔兰。从这一年秋到第二年春，仅首都君士坦丁堡就死了 20 万人。那场瘟疫导致欧洲南部 1/5 的人口死亡。

14 世纪欧洲的这场瘟疫是历史上最为悲惨的一次黑死病大暴发。它从中亚起步，在 20 余年的时间里，席卷东亚、南亚、北亚，直至欧洲和北非。它在欧洲的暴发最为骇人听闻，影响也最为深远。无论是在何处落脚，瘟疫停留几个月便继续前进，两年内就横跨了整个欧洲西部并向南扩散到达北非的埃及等地，甚至跨越英吉利海峡，抵达英格兰的斯堪的纳维亚地区。直至 1351 年，瘟疫才走完了整个死亡之旅。

从 14 世纪一直到 17 世纪中叶，黑死病每隔几十年就会重返欧洲，但其间再也没有出现过像第一次暴发时这样惨烈的疫情。迈克牧师留下的记载真实记录了瘟疫造成的混乱场面："无数家庭骨肉分离，村庄荒芜，买卖倒闭，税收锐减，国力衰弱。"英国诗人拜伦的话更能说明问题："这不是人类的历史，这是恶魔的'圣经'。"

到了 19 世纪晚期，给人类带来巨大灾难的罪魁祸首终于被揪出。1895 年，法国巴斯德研究院的科学家亚历山大·耶尔森博士被派到中国香港调查黑死病流行的原因。他发现，从病人的淋巴结可以分离出一种细菌，他推断这种细菌可能就是引发黑死病的元凶。巴斯德研究院的另一支队伍由保尔－刘易斯·西蒙德带领，负责印度地区的调查工作。他们发现捡拾死老鼠的人很快就会染上黑死病。西蒙德解剖了死老鼠，发现它们体内全是耶尔森博士发现的那种杆菌——这种病菌后来被命名为耶尔森氏杆菌。两千年以来一直肆意屠杀人类的敌人，总算现形了。人们随后发现，是跳蚤把疾病从老鼠身上传染给人类。

病菌、传染源、传播途径都查清了。到 20 世纪中叶，抗菌素的发明使得鼠疫成了容易治愈的疾病，而公共卫生和居住环境的改善也切断了鼠疫的传播途径。疾病、死亡、蒙昧、恐惧、自私，终于被人类以医术、科学、文明、勇气和博爱征服。

第六章

奥斯曼帝国的扩张

他实现了以一个征服者的姿态骑马踏进君士坦丁堡的夙愿。

君士坦丁堡沦陷后，土耳其人仅用了半个世纪就进攻到欧洲的中心……

丝绸之路被迫关闭了，于是一个发现的世纪开始了。

基督教最后的堡垒

“一切都已昭然若揭，你所渴望的不是和平，而是战争。现在，我只能转过身去，独自面对上帝。我放弃所有与你达成的誓言和条约，我将紧闭城门，为我的人民战斗到流完最后一滴血。”

这是拜占庭帝国最后一位皇帝写给奥斯曼帝国苏丹的最后一封信。1453 年，一场改变世界历史的攻城战在这两个国家间打响了。拜占庭帝国的首都君士坦丁堡是这场争夺战的焦点。

在帝国统治的连续性和范围方面，没有一个西方国家的首都，能与君士坦丁堡的辉煌历史相媲美。君士坦丁堡是一座古老的城市，它屹立于黑海之滨，在欧洲的东南角。只要越过窄窄的博斯普鲁斯海峡，就不再是欧洲，而是到了亚洲的小亚细亚。它的起源可以追溯到公元前 7 世纪，当时，它是希腊城邦迈加拉的移民建立的一座殖民城市，取名拜占蒂翁，拜占庭是它的拉丁名字。公元 330 年，君士坦丁大帝重建此城为新罗马的首都，并以自己的名字给它重新命名。其后，罗马分裂成东、西两个部分。公元 476 年，西罗马被日耳曼民族所灭，而君士坦丁堡则作为东罗马帝国的首都延续着罗马帝国的辉煌，并一直保持着相对的稳定和繁荣。800 年来，君士坦丁堡这座富有的城市，一直是世界贸易中心和连接欧亚的桥梁，并曾经是世界上最大的都城和欧洲的重要门户。东罗马帝国也因它而被后世称为拜占庭帝国。

罗马帝国分裂后，东罗马帝国拥有从黑海到亚得里亚海之间的广大地区，包括巴尔干半岛大部、小亚细亚、叙利亚、巴勒斯坦、埃及和外高加索的一部分。然而，11 个世纪以后，一度极其强盛的拜占庭帝国最终缩小到只剩下君士坦丁堡这么一座有着高耸城墙的城邦。

许多世纪以来，伊斯兰教徒一直试图征服基督教文明，而君士坦丁堡则始终位于伊斯兰进攻势力的核心。早在公元 7 世纪，伊斯兰教徒就企图将这座城市从信奉基督教的拜占庭帝国中挖出去。亚普・恩萨里是先知穆罕默德二世忠诚的门徒，他就死在公元 674 年攻打这座城市的战役中。

自公元 7 世纪 30 年代起，在半个世纪内，阿拉伯人从拜占庭手中夺取了西亚、北非、小亚细亚的大片领土，并征服了波斯等许多地区，建立了横跨亚、欧、非三洲的大帝国。从此，地中海航道不再为拜占庭一国所垄断，却成为拜占庭和阿拉伯新兴势力相互争斗、相互抗衡的战场。这一时期，因周边民族的蚕食，拜占庭的地理范围不断缩小。

11 世纪中后期，拜占庭帝国虽然一度战胜了来自多方面的敌人和内部的分裂，勉强还可以称得上是中世纪早期亚、欧大陆上最强盛的国家，但是，来自东方的新兴游牧部族塞尔柱突厥人对小亚细亚的渗透，以及西方诺曼人在意大利南部的冒险，都使拜占庭帝国岌岌可危。

而对于拜占庭来说，西方天主教对它的威胁甚至超过了伊斯兰教。

随着基督教内部发生的一系列严重的对立分歧，拜占庭对自己实行的宗教一向以“正教”自居。君士坦丁堡被誉为正统基督教的中心，而罗马则成为天主教的中心。他们各自都不喜欢对方的语言、宗教、政治和生活方式，他们彼此嫉妒，对对方的权力和影响耿耿于怀，因而形成了彼此间长期的怀疑和公开的敌对。

君士坦丁堡这座城市更是永远不会忘记它是如何遭受罗马天主教信徒的血腥清洗的。1204 年，天主教信徒改变了征战方向，从解放耶路撒冷这一最初目的改为进攻君士坦丁堡。这年春天，他们攻陷了坚固的城堡，对它进行了接连一周的冷酷无情的掠夺和屠杀。“即使是残暴的萨拉森人，也比他们仁慈。”一位目击者记录下了这一恐怖的场面，“妖孽啊！他们打坏对信徒充满怜爱的圣像；他们把殉难者的神圣遗物抛进让人难以启齿的地方；他们把救世主的身体和血液随意抛洒；他们没收圣杯，扯下上面的宝石，然后举杯痛饮。”

他们甚至“把圣索非亚教堂镶满宝石的圣坛砸成碎块彼此瓜分，把马匹牵进教堂，搬运走抢夺到手的金银，还让一个妓女坐在牧师首座上唱淫荡的歌曲”。除了将所有能够拿走的金银财宝都抢光之外，他们还放火烧毁了君士坦丁堡藏书十分丰富的图书馆，以消灭异端邪说。

这座城市从此一蹶不振，再也没能恢复往日的光彩。当康斯坦丁十一世于 1449 年继承王位时，拜占庭帝国败落得只剩下这么一座穷困孱弱的城邦，曾经奢华的花园杂草丛生，宫殿已被遗弃，人民也如猢狲般四处逃散。对康斯坦丁来说，更不幸的是在他即位之前，君士坦丁堡就已被来犯之敌团团包围。他们的敌人就是信奉伊斯兰教的奥斯曼帝国。

正如康斯坦丁十一世在写给奥斯曼帝国苏丹的最后一封信中所预言的那样，1453 年，这些穆斯林再次来犯。这一次，他们带来了强大的武器，在威力无比的新式武器背后是奥斯曼帝国苏丹坚定的决心。一旦僵局被打破，围困君士坦丁堡事件必将成为历史的一大转折点，因为君士坦丁堡一旦失守，整个欧洲就会变得不堪一击。

古老的城墙还能保证君士坦丁堡的安全吗？

我只要一件东西，那就是君士坦丁堡

率领奥斯曼大军围攻君士坦丁堡的是帝国的苏丹穆罕默德二世。他宣称："我只要一件东西，那就是君士坦丁堡。"

致使苏丹说出如此豪言的基础是，当时的奥斯曼帝国已经强大到从幼发拉底河一直延伸至多瑙河，其中包括波斯尼亚、保加利亚、希腊和塞尔维亚等广大地区。

奥斯曼帝国发源于突厥人的塞尔柱帝国治下的一个部落。他们与其他突厥人一样信奉伊斯兰教。1071 年，突厥人在小亚细亚东部的曼齐刻尔特战役中大获全胜，俘虏了拜占庭皇帝罗曼努斯四世。从此，小亚细亚的大部分地区，由基督教地区变成了伊斯兰教地区，一直延续至今。1242 年，塞尔柱帝国与蒙古交战屡屡失利。这时在塞尔柱帝国和拜占庭相邻的萨卡利亚河畔的一个突厥人小部落乘机开始发展壮大。1288 年，该部落首领奥斯曼登上了历史舞台，从此掀开了土耳其历史新的一页。奥斯曼雄武有略，野心勃勃。他带领部族开始了向外扩张、攻城略地的进程。没多久，他就攻占了拜占庭在小亚细亚西北部的大部分地区，并将原塞尔柱帝国的大片国土收归为自己的领地。在这一过程中，奥斯曼自称为苏丹（意为“尊贵的”，相当于领主），宣称其领地为“独立公国”。他的新国家就称为奥斯曼帝国，占有统治地位的突厥人被称作“奥斯曼突厥人”，由于译音的转变，突厥人的一部分后来成了土耳其人。此后历经两个世纪的斗争，奥斯曼帝国已强大到足以将君士坦丁堡团团包围的程度。

君士坦丁堡成了拜占庭帝国所剩的唯一城池，也是位于奥斯曼帝国中心的最后的基督教堡垒。

公元 1451 年，年仅 19 岁的穆罕默德二世即位，他便发誓要以征服者的姿态骑马踏进君士坦丁堡。这位野心勃勃的新君梦想着建立一个大帝国并超过巅峰时期的罗马帝国。但是在没有夺取这座雄伟的都城之前，一切梦想都只是梦想。因此，他渴望得到君士坦丁堡。

年轻的穆罕默德二世有着非凡的军事和外交才能。他是文武全才，在艺术、语言和科学领域，都受过良好教育。他还是一位虔诚热情、学识渊博的艺术爱好者，时常会为一些新想法而激动不已；但同时他又是一个杀人不眨眼、阴险残暴的人。

他热切地希望自己能作为一名“征服者”而被后人铭记，期盼着自己能够完成无数先人未竟的事业。

挡住他去路的正是守着君士坦丁堡的康斯坦丁皇帝。康斯坦丁为手中拥有的这份遗产备感骄傲，也备感无奈。这座城市就是他的生命，他只能不惜一切代价保卫这座孤城。

穆罕默德二世知道要攻下君士坦丁堡绝非易事。多少年来，它宽厚的城墙承受住了一浪接一浪的攻击，这绝对是世界上最精良的堡垒。这个城堡有两重城墙，内墙筑于 413 年，外墙筑于 447 年，外有城壕围护，内墙高约 9 米，厚 4.8 米，城墙上布满瞭望塔。瞭望塔高 18 米，间距 54 米。外墙基本与内墙一样宽厚，也是布满瞭望塔，还设有 92 座重型火炮。此外，沿着南北海边也建筑了近 10 米高的城墙和瞭望塔。城墙均由坚硬的石料构筑，绵延数十公里。可以说这座城市的防御工事固若金汤，任何军队都难用强攻得手。

面对这样一座屹立近千年而不倒的坚固城防，穆罕默德二世一方面加紧备战，一方面却在跟康斯坦丁皇帝玩和平游戏。在他加冕之日，他对拜占庭的使臣发誓，他会忠实地信守与拜占庭皇帝签订的一切条约。然而没过多久，他就开始一步步地对君士坦丁堡实行进逼。康斯坦丁无法，只得将大批黄金拱手相让，以求得到和平。穆罕默德二世眼见着君士坦丁堡的财物渐渐流空，便毅然回绝了康斯坦丁的所有和平请求。

1451 年冬天，穆罕默德二世切断了君士坦丁堡的一切供给。他只用 4 个月的时间就建起了他自己的堡垒——如梅利堡垒。这座巨型堡垒的城墙厚达 25 英尺，位于君士坦丁堡以北不远的博斯普鲁斯海峡出海口处。通过这座堡垒，穆罕默德二世控制住了博斯普鲁斯海峡，载满乌克兰粮食的船只根本无法逾越奥斯曼帝国威猛的大炮。君士坦丁堡的航运线被紧紧掐住了，城内的生活供给被切断。与此同时，穆罕默德二世命令他的舰队进入南边的马尔马拉海域，对君士坦丁堡实行更彻底的封锁。

康斯坦丁陷入了绝望，他甚至派人到令他厌恶的罗马天主教求救。但当时由于欧洲基督教的分裂和懦弱，使他们对属于自己文明圈的君士坦丁堡遭受围攻的处境无能为力，康斯坦丁原来期盼的教皇能派出舰队和匈牙利军队并没有赶来增援。

于是康斯坦丁不断地向苏丹送礼，并许诺还将送去更多的黄金。

但是，穆罕默德二世的兴趣不在黄金，他只想要君士坦丁堡。他甚至狡诈地提出要和康斯坦丁做一项交易：用他所占领的希腊领土来换取君士坦丁堡，并且声称可以给予君士坦丁堡宗教自由。

康斯坦丁断然拒绝了。他知道这是一个根本不可信的许诺。即使是真的，他又怎么能将这座城市以及城内一切古希腊、罗马和基督教的宝贵遗产拱手出让呢？

穆罕默德二世觉得自己已经给了拜占庭足够多的机会，但没有得到自己想要的。于是，4月6日，他亲率10余万大军来到君士坦丁堡城下，开始攻城。

当时，君士坦丁堡的人口总共不过五六万人，而且大部分是老弱病残，因为能逃的都逃走了。剩下的所有能护城的力量，包括一小部分来自威尼斯和热那亚的志愿军在内，也总共不过9000人。当守城士兵向奥斯曼军营放眼望去时，可以想见，那10万大军是多么令他们不寒而栗。

奥斯曼军队的武器装备始终都是世界上最先进的。这支攻城大军的核心是穆斯林信徒的精锐军团——苏丹禁卫军。这支勇猛善战的部队是从奥斯曼帝国最为好战的国家波斯尼亚、塞尔维亚和阿尔巴尼亚的青年中选拔出来的，他们即将发动一场针对君士坦丁堡的大战。

征服者的荣誉

穆罕默德二世知道这场决战将损失巨大，所以在临攻城之前，他给了康斯坦丁最后一个机会。他横立阵前，向康斯坦丁劝诫道："如若你能向我投降，我将依据法律宽恕你和这座伟大城市的人民，你的家人和财产都不会有任何损失。"

此时，守城士兵屏声静气，康斯坦丁拒绝投降的坚决态度给了他们视死守卫的勇气，他们一个个面无表情地望着城下的大军。穆罕默德二世的最后通牒没有奏效。

于是穆罕默德二世发起进攻。

在首次试探性的进攻中，穆罕默德二世的军队被顽强的守军打退。首战失利的穆罕默德二世充分认识了君士坦丁堡在防御上的优势，但他并没有太在意，只是微微一笑。不久之后，他就调来了最新的火炮部队，他要用前所未有的猛烈炮火摧毁君士坦丁堡又宽又厚的城墙。

为了攻下君士坦丁堡，穆罕默德二世在几个月前就在思考如何打破那宽厚坚固的城墙。在反复考虑和商议后，他决定造一种威力更大的火炮。火炮的威力应该足以轰塌君士坦丁堡的城墙。为此他曾派人四处寻找造炮专家。后来终于找到了一个声称能造出这种大炮的匈牙利人，并在这个人的带领下，果真造出了当时人类所能制造出的最大的火炮。令人惊愕的是，它的炮管长达 29 英尺，炮膛也超过 26 英寸，每次能将一颗半吨重的坚硬炮弹射出 1 英里。它需要 60 头牛和 400 个人同时进行操作，装填炮弹就需要两个小时。为了运用这种当时世界上最复杂的大型武器进行战斗，奥斯曼土耳其人在君士坦丁堡的外围临时建起了 60 多座大型铸造厂。

随着穆罕默德二世一声令下，这些钢铁怪物张着黑洞洞的巨口喷射出一个个巨大的炮弹，纷纷向君士坦丁堡飞去。惊天动地的巨响响彻云霄，大地在颤抖。一阵狂轰滥炸过后，坚固的城堡赫然出现了一个个黑洞似的缺口，有的瞭望塔也中弹倒塌——然而，城墙并没有倒塌。它太宽厚、太坚固了。

炮火越来越猛烈了，土耳其人丝毫没有停下来的意思。战斗日夜不断地进行着。奥斯曼军队密集的火力在一点一点地蚕食城墙，不过拜占庭帝国的守卫军仍能一次次击退攻城的敌人并迅速修复城墙。

穆罕默德二世见一时不能轰塌城墙，就下令又建造了一座巨大的攻城塔梯。这座塔梯也是巨大无比，十几米的高度和几十米的基座足以使上百人同时攀上城墙。不过，没有料到的是，城内派出了一支奇袭队，趁黑夜点燃了塔梯。土耳其人的杰作还没有派上用场就被焚毁了。

整整 12 个星期，无论是雨点般的炮弹还是穆斯林军队的猛攻，都被牢牢地挡在了城门之外。穆罕默德二世早知君士坦丁堡易守难攻，但却没有想到竟是如此坚不可摧。面对久攻不克的境地，他被迫开始重新考虑战略战术。

于是乎，聪明的穆罕默德二世又筹划了一个大胆得近乎疯狂的行动，这一计划可以与军事史上任何大胆的行动相媲美。

君士坦丁堡大部分领地受海洋保护。在城市的北面就是金角湾湾口，但是穆罕默德二世的舰队无法进入海湾、实施侧翼进攻，因为拜占庭士兵用一条粗大的锁链锁住了湾口，封闭了进入城市的海上要道。

穆罕默德二世灵机一动。他让他的舰队利用涂油板，悄悄地把战船从旁边的山上拖过去，一直进入海湾。于是一夜之间，70 多艘土耳其战船就出其不意地开进了君士坦丁堡的封闭港口。

天将破晓，拜占庭守军醒来发现，土耳其人的战船已经包围了整座城市。这简直是天降之灾，令人不敢相信。难道是神用双手把这些战船托进来的吗？这一下，拜占庭守军腹背受敌，士气开始涣散。

但是康斯坦丁依然下令死保君士坦丁堡直到最后一刻。他自己也是毫不畏缩地立在城墙上指挥战斗。当他的副官提醒他这样太危险，需要尽快撤离时，他吼道：“在此危急时刻，我怎么能这样离开先祖留下的基业和王冠？我又如何面对世人的评说？我向你祈求，我的朋友，以后只能对我说：‘不，陛下，不要离开我们！’我永远不会抛下你们！决心已定，誓与你们共存亡！”

事已至此，陷于包围之中的守军只能全部站在城墙之上誓死抵抗。虽然要守住城池已经是不可能的事，但没有人退缩。

就在此时，穆罕默德二世又显现出他的智慧来，他集中所有大炮向城墙的一个部位开火。不到一个月，城墙就开始出现崩塌。

胜利的曙光已经迸射，幸运之神似乎也站在了奥斯曼人一边。穆罕默德二世的两名禁卫军士兵突然在城墙附近发现了遗失已久的亚普·恩萨里的墓穴。对于穆斯林大军来说，这一发现似乎预示着吉祥。

拜占庭的运气可截然不同。拜占庭人有一种传统说法：只要明月当空，圣城君士坦丁堡就不会陷落。可是5月24日夜晚，君士坦丁堡的上空竟然出现了月全食，3小时内月亮全被遮住。在拜占庭人看来，这无疑是一个凶兆。

4天后，太阳刚刚落下，圣索非亚教堂里的一次基督教礼拜开始了，这是它最后的一次礼拜。康斯坦丁皇帝在午夜前赶到，在简单的祈祷之后，他便匆匆回到城墙上的指挥台。

这一夜，祈祷者络绎不绝，教堂里坐满了流离失所的基督教徒，城外穆斯林轰隆隆的炮声越来越密，越来越近。

穆罕默德二世似有预感，今夜破城在即，所以他集中了最猛烈的炮火、最精锐的部队，发动了最大规模的进攻。而且在这次进攻之前，为了最大限度地调动士兵的土气，他许诺破城之后，可以任由士兵们在城内劫掠3天，抢得的一切财物、珠宝以及人口都属于士兵自己，而他，穆罕默德二世什么都不要，他只要征服君士坦丁堡这一荣誉……

一时间，炮声隆隆，杀声震天，士兵们手拿武器、肩扛云梯，如潮水般向着被大炮轰开的缺口涌去。城堡的外墙被攻破了，无数士兵涌入内墙和外墙之间的“空场”，开始向第二道城墙冲击，而城墙上的守军依然在顽强地抵抗。攻城的奥斯曼士兵一次次攀上城墙，又一次次地被打退，像忙着搬家的蚂蚁一般密密麻麻。就在黑夜过去，白昼将临之时，几个土耳其士兵在“空场”里乱窜，无意中他们发现内墙中有一扇未被封堵的小门，从小门能直接进入城内，于是立刻就有数不清的士兵呐喊着蜂拥而入……

终于，消息传到了城内惊恐不安的居民耳中：城墙终于被攻破了。

守军彻底溃散，土耳其人像潮水一般涌入。君士坦丁堡的历史就在这天早上完全变了样。一位罗马指挥官写道：“滑膛枪的爆破、警钟的鸣响、人体的冲撞、士兵的哭号、妇女的尖叫和孩子的啼哭，这一切交杂在一块儿，整个世界似乎都在颤抖。”

第一批奥斯曼士兵很快便杀到了圣索非亚教堂，他们亲手结束了历经千年的罗马历史。罗马帝国的最后一个前哨——拜占庭沦陷了。胜利者在城内进行了3天疯狂的抢劫、奸淫和屠杀。男子被统统处决，妇女、儿童沦为奴隶。

穆罕默德二世举行了一个入城仪式。他实现了以一个征服者的姿态骑着高头大马踏进君士坦丁堡的夙愿。他径直来到基督教的圣殿——圣索非亚圣哲教堂。此时，一位穆斯林教士高声称颂：“真主无影无形，却无处不在。”这位苏丹于是将圣索非亚教堂赐封为一座清真寺。

当君士坦丁堡变成伊斯坦布尔

罗马帝国走到了尽头，它的末代皇帝康斯坦丁也已化作轻烟，他的尸首遗失在历史长河中。

有人在教堂附近发现了一具无头尸体。死者穿着紫色长靴，上面绣着皇家特有的双头鹰。很多人相信，这就是康斯坦丁十一世，为了保护圣城君士坦丁堡和他的人民而战死疆场。

第二天，穆罕默德二世颁布法令：这座教堂将作为基督教的圣殿永远保留。

君士坦丁堡被改名为伊斯坦布尔，并成为奥斯曼帝国的首都。这个伟大的帝国是人类历史上时间最长、最强盛的王朝之一，它存在了 500 多年，一直到第一次世界大战结束。奥斯曼人对君士坦丁堡的征服成为震惊全世界的历史转折点，它让欧洲的每一支基督教派都感到威胁。

君士坦丁堡在作为拜占庭首都的 1000 多年中，就像一面保护欧洲的盾牌，它使盾牌后面的西方能自由地发展自己的文明。这种作用在

1453年这座城堡沦陷后变得更为清楚。君士坦丁堡沦陷后，土耳其人仅用了半个世纪就进攻到欧洲的中心，攻陷贝尔格莱德，攻陷布达，包围了维也纳，同时夺取了地中海的东岸和红海要道。奥斯曼帝国逐渐扩张为一个庞大的帝国，版图囊括以前的阿拉伯和拜占庭两个帝国的大部分地区，地跨欧、亚、非三大洲，称雄一时。奥斯曼帝国在中古后期和近代的历史发展中都起了重要的作用。

由于奥斯曼帝国的存在，丝绸之路被迫关闭。这条通往东方的贸易大道不再为基督教世界所掌控。欧洲于是向西寻找新的通路，于是一个被称为发现的世纪开始了。可以说，君士坦丁堡的沦陷，催生了大航海时代，间接地把美洲、大洋洲甚至南北极推上了历史舞台。

君士坦丁堡围困战也使战争在世界范围内升级到一个新水平。穆罕默德二世用怒吼的大炮掠取了固若金汤的君士坦丁堡，正是从1453年开始，炮兵成了每一场成功战役的中坚力量。

第七章

西班牙征服印加

一小队勇猛的士兵征服了一个拥有数百万人口的帝国。

西班牙征服印加是历史上最令人吃惊的转折点之一，伴随着这次征服，疾病、战争和饥饿导致了 39% 以上的印加人死亡，紧接着西班牙人接管了所有的安第斯国家。

盛产金银的国度

“兄弟们，你们面临着选择。”弗朗西斯科·皮萨罗扯着嗓子大声喊道。他那被阳光晒得红红的脸膛和粗硬的络腮胡须因为激动而扭曲着、颤动着，看起来像个十足的海盗。此刻，他正站在一条战船上，面对着甲板上上百个荷枪实弹的西班牙士兵，用力地鼓动着：“是回巴拿马过穷日子，还是和我一起去秘鲁发财？哪条路会使你们成为了不起的西班牙人？”

船上这群士兵都是皮萨罗从西班牙带过来的。他们横渡大西洋，不远万里终于驶入南美的这片海域，为的就是发财。此前，他们刚刚在巴拿马停留过两天，在那里，他们看到了自己的同胞是如何从当地原住民那里获取大量财富，过上奢侈生活的。那些诱人的黄金和白银，早已撩拨起他们贪婪的欲望。他们更加确信跟随皮萨罗能带给他们想得到的一切。所以，不等皮萨罗说完，就闹哄哄地吵嚷起来：“秘鲁！秘鲁！我们要去秘鲁，我们要黄金！”

皮萨罗对手下的反应很满意，他不失时机地把手指向不远处那长长的秘鲁海岸，说道：“很好，你们都是伟大的战士。那就让我们前进，去征服那里的印第安人。那里的黄金和白银在等着我们！”

1492 年，哥伦布到达加勒比海诸岛，从此揭开了欧洲人征服美洲新大陆的序幕。伴随着宗教的狂热和寻宝的梦想，一批批欧洲殖民者踏上了美洲的土地。弗朗西斯科·皮萨罗和他率领的 170 名西班牙士兵就是这些殖民者中最富传奇色彩的一支。

在驱逐入侵西班牙的摩尔人时期，皮萨罗就以其狠辣勇猛而立下过不少战功。他出生于贫穷的埃斯特雷马杜拉省。因为是私生子，又不识字，所以他只好投身军队谋生。战争的洗礼最终使他成为一名冒险家。

随着西班牙对墨西哥阿兹特克人的征服，越来越多的西班牙人开始了在这片土地上的冒险生涯。久经沙场的皮萨罗当时已经 50 多岁，但对权力和荣誉的贪婪追求驱使他跃跃欲试。1529 年，皮萨罗觐见西班牙国王，要求准许他远征秘鲁。西班牙国王查理一世同意他的要求，还任命他为“远征军司令”“秘鲁最高行政长官”“秘鲁最高军事长官”“秘鲁大法官”等职。于是，在 1531 年年初，在皮萨罗的带领下，一支由 170 名士兵和探险者组成的小型远征队从西班牙启程，朝着秘鲁海岸进发。

传说中那无尽的财宝鼓舞着他们。早在到达巴拿马之前，他们就听说在秘鲁的深山里，存在着一个古老的印加帝国。皮萨罗等人的目标就是要征服这个在他们眼里落后、低级，却又盛产金银的国度。

事实上，印加帝国是一个复杂而发达的社会。据后世考古学家研究，印加人是印第安人的一支，他们原是生活在秘鲁南部的的喀喀湖边的一个部落，10 世纪以后，他们逐步北迁，一路征战，并于 14 世纪中期，依靠训练有素的军队征服了绵延 3000 英里的安第斯山脉，建立起疆域空前辽阔的帝国。

印加帝国堪称南美洲山区中的罗马帝国。这个由印加贵族统治的帝国，从现代哥伦比亚国的北部沿着安第斯山脉向南延伸，直至智利首都圣地亚哥；向东抵达巴西地势低洼的热带大雨林地区；向西则以沿南美洲西海岸直至阿塔卡马沙漠一线为界。印加帝国有将近 1000 万国民，分属 100 余个不同的土著民族。他们身处偏远的山中王国，完全不了解外面的世界。“印加”一词本来的含义是“首领”或“大王”，指的是帝国的最高统治者，也就是我们常说的皇帝。西班牙人到达南美后，简单地以“印加”一词指称这个国家及其所有居民，直至今日。

印加帝国是由高度发展的社会和阶层组成的一个奴隶制国家。奴隶主阶级包括印加皇帝、皇室贵族、高级官吏和祭司。他们不从事生产劳动，过着奢侈的生活。印加人崇拜太阳，印加皇帝被称为太阳之子，是神的化身，拥有至高无上的权力，独揽国家一切政治、军事和宗教大权。他的身边通常围绕着数百个妾女，而皇后则只有一个，并往往是他的同胞姐妹。这就像古埃及人或其他一些古代人一样，印加人也认为皇室的血统有一半是神授的。皇室同胞之间的婚配就保障了帝国继承人是来自这个特殊血统的。国王死去后会被制成木乃伊。印加人制作木乃伊的技术也相当高超，在一些隆重的宗教仪式中，人们会请出这些仍然栩栩如生的木乃伊。

帝国中没有货币，没有私有财产，一切都是公有的，每个人都通过劳动向国王和贵族们纳贡。除了统治阶级，帝国所有人都是平等的。他们中大部分靠土地为生。帝国以库斯科为首都，并以其为中心，通过各级贵族官吏，牢牢地控制着全国。除了政权机构外，他们还拥有一支20万人的训练有素的常备军队，用以对外扩张，对内镇压反叛力量。

印加人是无与伦比的建筑师和工程师。他们的城镇是按几何状网络规划的，他们仅仅使用石制工具就能把巨大的石块精确地砌在一起，垒成宫殿，垒成规模宏大的城镇。印加人还不会用拱顶石建造圆拱，但他们能用巨大的楣石建造梯形拱。印加人崇拜石头，他们认为石头有生命，能储藏他们祖先的记忆。

整个帝国在山间修建了四通八达、遍布全国的道路网。道路上每间隔一定距离就设有一个驿站，以供旅客食宿之便。印加帝国没有车马，他们的信息传递完全靠人力——靠一个个经过特别训练的长跑者，沿着道路跑步传递信息。这些送信人通常能在一个星期内一站站地把信送出1500英里之远，从基多送到库斯科，乃至帝国的任何地方。印加人也没有书面文字，送信人传送的是结绳文字，也就是绳结。他们用各种色彩和形状来结绳记事和计数。如今我们也还没有完全破译这些由复杂色彩系统和绳结构造的密码含义。但是它确能表示事实和数字，甚至任何消息。他们就这样互通消息、调动军队。

印加帝国有着发达的农业，现在被人们广泛食用的玉米、甘薯以及烟叶等农作物，都是印加先民智慧的结晶。他们还懂得在干旱缺水的山区修建水渠和梯田。印加人的纺织技术、制陶技术以及畜牧水平都有较高的发展。他们的医术也十分高超。后来的学者们发现，他们竟然能为头骨受伤的病人施行接合手术。这种所谓的穿颅术在当时来说是居于世界先进行列的。他们对金属的冶炼加工技术也同样令人惊叹。虽然还不知道铁，但他们对美洲盛产的金、银、铜等的加工使用已达到了相当发达的程度。金银主要用来制作装饰品和艺术品，其中有些技巧的运用可与欧洲文艺复兴时期相比。

当时的西班牙人对印加帝国的了解并不多，他们只知道那里的金银多得超乎想象。他们听说印加帝国的贵族不但用金子打造身上的饰品，还用金杯喝酒。

西班牙人厉兵秣马，他们唯一的目的就是要征服印加帝国，获取他们梦寐以求的财宝。

皮萨罗的手下都是经过他精心挑选的。大部分都是他自己的同乡，其中还有三个人是他同父异母的兄弟。这些人把皮萨罗当作自己家乡的英雄，死心塌地地跟随他。

他们人数虽然少，但准备得很充分，可以说是全副武装。他们配有两尊小型火炮，还有十几支当时十分难得的前膛枪。不掌握火器的其他人也都配有剑和长矛，身上套着闪闪发亮的铁制铠甲和头盔。他们的马也是全副武装。这些马身高体壮、来去如风，马身马首披着让人望而生畏的战甲，它们也将成为威力强大的武器，能给从未见过马的印加人带来巨大的震撼。

胆战心惊的西班牙人

传说印加人能看到月亮周围奇异的图案，并由此预知是否有灾难降临。也许是巧合，也许是出于阴谋，印加人的预知果真应验。

在西班牙人入侵墨西哥的时候，天花病毒就随之传入美洲。尽管没有确实的证据，但后世有人考证说天花是欧洲人故意传播给印第安人的，为的就是征服和消灭他们。现在，这种可怕的瘟疫蔓延到了安第斯山脉。

一场大瘟疫来了，一批批印加人悲惨地死去，很少有人能活下来。原本正处于鼎盛期的帝国不得不停下扩张的脚步，开始走向灭亡。1526年，天花夺去了印加帝国皇帝瓦伊纳·卡帕克的生命，随即又夺去了他的许多大臣和原定皇位继承人尼南·库尤奇的生命。为了争夺王位，印加帝国又爆发了一场内战。

内战爆发在皇帝的另外两个儿子——华斯卡和阿塔瓦尔帕之间。一直和皇帝父亲在北部生活的阿塔瓦尔帕，声称父亲已经决定把帝国重新划分，并在基多建立了一个新的北部首都，这个国家由阿塔瓦尔帕统治。而阿塔瓦尔帕在库斯科的兄弟华斯卡则声称他才是整个帝国的合法统治者。一场血腥内战终于爆发。战争使印加军队变得四分五裂，使印加人民雪上加霜，损失惨重。这种混乱的局面正中皮萨罗的下怀，所以他选择这个时机进入了印加帝国。

1532 年 9 月，皮萨罗率领他的 170 名手下开始向深山挺进。他们在崇山峻岭和丛林中穿行，随后，又踏上了印加人所修筑的交通驿路。他们所经之处，村落毁坏，民生凋零，到处都是战争和瘟疫留下的废墟。

皮萨罗一路向前，一路捕捉逃散的印加人。他希望能从印加人口中了解到印加国内的情报。他命人严刑拷打他们，并强迫他们做向导。从印加人口中，皮萨罗等人得知，印加人的内战刚刚结束，他们的新皇帝阿塔瓦尔帕正率领部下从基多赶往帝国首都库斯科，眼下正在卡哈马卡城扎营。

皮萨罗于是马上让印加人给阿塔瓦尔帕带去这样的口信：“我，弗朗西斯科 · 皮萨罗，作为万能的主和强大的西班牙国王的仆人，将引导你们服从基督教和国王的支配。如若不从，我将抓住你们的女人和孩子。我还要重申，由此带来的死亡和毁灭都是你们的过错。”这群西班牙征服者是虔诚的天主教徒和保皇党人。他们所做的一切都打着上帝和西班牙国王的旗号。他们认为自己要改变世界。他们在向印加人逼近。

阿塔瓦尔帕当时 30 岁，正是火气极盛的年纪，并且刚刚在历时数年的印加内战中获胜，成为印加帝国至高无上的皇帝，可想而知，他听了皮萨罗的口信会有什么反应。他根本没有将这些西班牙人放在心上，他看不起欧洲人。他说："这些是什么人？他们粗野肮脏，只知道吹牛。他们虐待我们的人民。他们侵吞金银，而且连像样的衣服都没有，我们根本不需要怕他们。"

阿塔瓦尔帕战胜同父异母的兄弟华斯卡后，实际上就控制了整个印加帝国。他关心的是胜利进军首都，而不是这一小撮入侵者。

皮萨罗没有等到印加人臣服的消息，却意外地得知阿塔瓦尔帕带着5万人驻扎在卡哈马卡城外。

这一消息让西班牙人惊呆了。他们想，就凭现有的170人是无论如何也战胜不了5万人的大军的。怎么办？皮萨罗和他的属下商量着，急出了一身冷汗。最后，皮萨罗终于不得不伪装出友好的姿态，他让印加人转告阿塔瓦尔帕："我将是你的朋友和兄弟。"

然后，西班牙人仍不死心，继续向卡哈马卡进发。一种赌徒的心态占了上风。皮萨罗对他的士兵们说："不管怎样，既然我们来了，就要去试试。兄弟们，也许我们会有意外的收获。"西班牙人当时的选择很难，他们要么向前，要么向后，结果他们选择了向前。只有士兵们在心里嘀咕，"那些印加人能轻易地消灭我们"。

1532年11月15日，西班牙人到了印加的卡哈马卡城，他们简直不能相信眼前的情景。他们想不到印加人居然有这样雄伟的城市。城市从山脚一直延伸到半山，清一色地由青石垒就，仿佛一个巨大的迷宫。城市的中心是一个完全由青石板铺就的宽广平坦的巨型广场，广场正中立有一个高大的祭坛。在没有铁制工具、没有牛马、没有车船的时代，真不知道印加人是如何将这一切建成的。而在广场之下的平原上，则是阿塔瓦尔帕身边那令人心生恐惧的 5 万名战士的驻地。他们的帐篷是如此之多，并且秩序井然，使他们的营地看上去更像一座美丽的城市。

但是印加战士的装备不如西班牙人，他们没有剑和战马。而且他们低估了入侵者，这是一个致命的错误。更致命的错误是，他们轻信了入侵者的谎言。

西班牙人小心翼翼地进入城市。那些半裸着身子，露着古怪刺青的印加居民，则远远地躲在房屋后面偷偷地望着他们。西班牙人心中充满了恐惧和困惑。他们生怕那些野人一样的居民从背后突然杀出，那样的话，他们无论如何都难以抵挡。但是没有，也许在当地的原住民眼里，这群人马更像是神兵天将般令人畏惧。什么也没发生，西班牙人来到广场，并在广场上扎营——这是得到阿塔瓦尔帕允许的。

皮萨罗派自己的兄弟和其他两个使者先去见阿塔瓦尔帕。阿塔瓦尔帕款待他们，用金杯盛着玉米啤酒给西班牙人喝。皮萨罗的这位兄弟像他的兄长一样粗鲁，他喝了一口玉米啤酒，觉得味道实在不怎么样，就吐掉了。然后他开始学着兄长那样，说道："我是万能的主和强大的西班牙国王的仆人……"结果他不小心又把杯子碰到了地上。阿塔瓦尔帕听不懂他在说什么，但看他这样的举止非常生气，不等翻译译出他的话，便将他赶了出去。

谈判破裂的消息让每个人都吓坏了。皮萨罗的一名部下后来在回忆录中写道：“大家在一起讨论第二天该怎么办。我们一直在广场上监视他们。眼前的景象让人心惊胆战，印加大军的营火就像散布在天空中的璀璨的星星。”他们的人数实在太少了，而且根本不可能得到任何支援。

广场大屠杀

尽管两军人数的比例是 500 比 1，西班牙人还是决定铤而走险。他们计划绑架国王。

第二天一早，也就是 1532 年 11 月 16 日，皮萨罗对印加信使说："请你的主人过来吧，我一定会像对待朋友和兄弟那样接待他。我求他快来，因为我渴望和他见面。他将不会受到任何伤害或侮辱。"

信使离去后，皮萨罗迅速开始布置伏击。

皮萨罗的军营分列在卡哈马卡广场的三条边线外，每一边的军营都有几十米长，门都是朝广场方向开的。他们的计划是：将印加皇帝诱骗到广场上，皮萨罗率 20 个步兵与之见面。这时他的兄弟坎迪亚与 3 名步兵带着喇叭和一尊小炮到卡哈马卡广场边缘的一个小丘后埋伏，等待他在合适的时机发出信号。坎迪亚看到信号后，将鸣枪鸣炮示意，通知所有人迅速冲出各自的军营，骑兵骑上他们的战马一同杀出，合围印加皇帝。这时皮萨罗则率 20 个步兵负责趁乱抓住阿塔瓦尔帕和他身边的人。

这是一个大胆的伏击计划，谁也不知道他们的结果会如何。布置妥当之后，皮萨罗便开始焦急地等待印加皇帝的到来。

但是阿塔瓦尔帕没有即刻屈尊拜访西班牙人，没有人知道是为什么。眼看正午已过，太阳偏西了，他还是没来。皮萨罗开始绝望了。

就在西班牙人焦急万分又疲惫不堪的时候，却传来印加皇帝驾到的消息。这时候，正是太阳下山的时候，但是在一片美丽的夕阳余晖下，广场上一个西班牙人也没有。因为阿塔瓦尔帕出人意料地带来了5000人的队伍。躲在军营里的西班牙士兵全被吓破了胆。那位写下回忆录的西班牙战士后来说："我自己亲眼看到很多士兵全身都被汗水湿透了，我想这纯粹是由于恐惧。"

其实西班牙人大可不必如此紧张，阿塔瓦尔帕只不过是想向西班牙人炫耀一下自己的武力。他和他的5000名随从都是没有武装地走进卡哈马卡广场的。

走在队伍最前面的是数百个清扫道路的印加人。他们个个身穿棋盘花纹衣服，一边行进一边捡拾路上的石子和杂草。他们后面是男男女女的歌舞表演队，头戴翎羽、身有文身的印加少男和戴着巨大耳环、项圈、手链、脚链的印加少女，半遮半掩，载歌载舞地前进。鼓乐手以及排成方阵的歌者混杂其间，吹吹打打，浅唱高歌，真是好不热闹。在这么大一群人之后，又是一群抬着巨大的金属盘子的印加人，他们在盘中放置的是令人眼花缭乱的金冠银冠和其他各式金银制工艺器皿。

在众人的簇拥下，坐在肩舆上的印加皇帝阿塔瓦尔帕终于出现了。

肩舆的木支架用银皮包裹，四周插满五颜六色的鹦鹉羽毛，并用金银饰品装饰，由 80 名印加壮汉扛在肩上。阿塔瓦尔帕本人锦衣绣服，头戴皇冠，脖子上套着用绿宝石穿成的巨大项链，坐在肩舆中的装饰华丽的鞍形椅子上。阿塔瓦尔帕个子不高，但看起来结实有力、傲气十足。他的身后是一大群穿金戴银的女人款款跟随，那是他的妃子们。再其后，一列列豪华轿子和吊床上坐着的，则是同样用大量金银饰品装饰起来的贵族领主们，他们后面又跟着数不清的随从。如同节日一般，印加人缓缓涌进卡哈马卡广场，渐渐将广场染成花花绿绿的人海。他们那声势浩大的场面和嘹亮刺耳的歌声鼓声，将埋伏在广场军营中的西班牙人惊得目瞪口呆。

西班牙人内心充满了恐惧，直到最后，皮萨罗才派了一位名叫文森特·德·巴尔维德的牧师离开营地，和翻译一起走进了广场去会见印加皇帝。

巴尔维德手捧《圣经》，开始向阿塔瓦尔帕布道："我请求你们，并要求你们视教会为你们的主人，视上帝为世界和宇宙的主宰。我也要求你们把教士、教皇和尊敬的西班牙国王视为统治者和至高无上的王。如果你们不这样做，上帝将助我勇猛地与你们作战，在一切地方，采取一切方式和你们作战。我将引导你们服从基督教和国王的支配。我还要重申，由此带来的死亡和毁灭都是你们的过错。"

尽管有翻译，但阿塔瓦尔帕根本就不知道眼前这个穿着一袭黑袍的人在说些什么。他将牧师手中的《圣经》要了过去。印加人当时还不知道怎样造纸，亦不知书为何物。他以为这书中有什么神秘力量。但他翻了翻，并没觉得有什么神秘之处，于是他轻蔑地问牧师："为什么这本书不跟我说？它什么也没告诉我。"然后他随手将《圣经》丢在了地上。

阿塔瓦尔帕的举动激怒了巴尔维德，他反身向皮萨罗等人大喊："出来吧！出来吧！基督徒们！向这些拒绝上帝福音的敌人冲过去吧！那个暴君竟敢把《圣经》扔在地上！……向他们冲过去，我会宽恕你们的罪孽的！"皮萨罗向坎迪亚发出了进击的信号。

刹那间，全副武装的西班牙士兵叫喊着从三面的军营里杀出。印加人像骆驼一样落入了陷阱。屠杀开始了，西班牙人用马、用剑、用枪，像屠杀动物一样对这些手无寸铁的印加人大开杀戒。在西班牙人冲击砍杀下，印加人毫无反抗余地。除了落后的装备难以与西班牙人相抗衡外，恐惧是他们最大的障碍，因为在他们看来，身披铠甲、骑着战马的西班牙士兵简直就是天神。印加人已放弃回击，他们的队伍完全陷入混乱，许多人被踩踏而死。广场上全是印加人的哀号。

屠杀持续了一个半小时，西班牙人几乎把广场上的印加人全都杀光了，5000 多人中只有不到 200 人逃脱。死者中包括许多印加贵族，但阿塔瓦尔帕被生擒了。

屠杀结束后，西班牙人把阿塔瓦尔帕关进了一个地下室，他们用铁链锁着他的脖子，把他捆了一夜。随后又把他囚禁在一个长近 7 米、宽 5 米、高近 3 米的房间里。控制了帝国的皇帝，阿塔瓦尔帕的数万大军便不敢轻举妄动了。皮萨罗为这个人质开出的赎身条件是：印加人必须用黄金填满囚禁阿塔瓦尔帕的这个房间，并用白银装满隔壁的两个同样大小的房间。

为了获得自由，印加皇帝同意了西班牙人的条件。阿塔瓦尔帕天真地认为，如果他把西班牙人想要的金银付给他们，他们就会放了他，并离开他的帝国。他的臣民从各处源源不断地将财宝送来。一件件美丽的艺术品被遗憾地熔掉，铸成金条和银块，堆向西班牙人的宝库。

胜利并没有让西班牙人完全控制局势，但他们把阶下囚阿塔瓦尔帕立为傀儡，继续掌管庞大的印加帝国，以保证他们出入时没有危险。作为回报，阿塔瓦尔帕又把巨大的印加帝国粮仓交给了皮萨罗进行管理。

阿塔瓦尔帕被囚禁在卡哈马卡，和他在基多的据点相距甚远。虽然在库斯科和沃伽还有效忠于他的军队，但内战还没有完全结束，印加帝国里仍有许多人把他当作篡位者。为了反对他，这些人甚至视西班牙人为同盟。

在沃伽的深山里，阿塔瓦尔帕有一位身经百战的将军手握重兵。皮萨罗再次施以诱敌之计，派人请这位将军来探望阿塔瓦尔帕。这位将军让人打造了大量银马蹄铁送给西班牙人，但他没想到自己也落入了西班牙人的圈套。西班牙人就这样又俘虏了一位杰出人物。

从 1532 年年底一直到 1533 年，阿塔瓦尔帕一直以囚徒的身份统治着帝国，他一直希望等赎金凑齐的时候，西班牙人会放了他。他盼来了那么一天，印加人终于用金银堆满了那三个房间——6 吨黄金和 12 吨白银，西班牙人狂笑着按军衔级别瓜分了所有的财富。

但是，他们仍然没有要释放阿塔瓦尔帕的意思。

皮萨罗征服印加帝国的消息传到了墨西哥，进而传到了西班牙。于是，更多的西班牙征服者来到这里。新来者没有从最初的那笔交易中得到好处，也很难再得到什么好处，因为阿塔瓦尔帕虽然是个傀儡，但他仍然是印加帝国的皇帝，他的臣民仍然听从他。于是，后来的征服者想，如果阿塔瓦尔帕死了，他们也许可以从中获益。

这样，他们散布谣言，说阿塔瓦尔帕有一支军队在山中待命，他已命令这些人前来营救他。

这是一个谎言，老谋深算的皮萨罗当然看得很清楚，但他担心新来的本国人造反，只好在压力下低头。西班牙人火速以通敌罪审判了阿塔瓦尔帕，并判处他火刑。

印加人认为被烧死的人将失去灵魂。西班牙人宣布，为了让阿塔瓦尔帕保存自己的灵魂，他们给他提供最后一个机会。如果他改信基督教，他们就用绞刑处死他。

1533 年 7 月 26 日，当夜幕降临的时候，被囚禁了 9 个月的阿塔瓦尔帕在卡哈马卡广场中心诵读了基督教的经文，改教名为弗朗西斯科。随后，他被就地处决。尽管他改信基督教，西班牙人还是焚烧了他的尸体。

皮萨罗，一个平民暴发户，竟然处死了一个世界上权力最大的君主。

被征服的后果

阿塔瓦尔帕死后，他所掌握的印加军队群龙无首，躲进山里。

更多的西班牙人来到秘鲁，西班牙人继续向印加帝国的首都库斯科挺进。由于这里的人一直敌视阿塔瓦尔帕，西班牙人反倒受到了欢迎。不幸的是，那里的印加首领即刻就又成了西班牙人手中的傀儡。

一个名叫马努克的印加人被西班牙征服者推上了皇帝的宝座，但是，他根本没有实权，并且常常被欧洲人辱骂。1536 年他不得不离开库斯科，去往坐落在丛林边缘的一个印加小城，在那里他继续委曲求全。不过，他在那里试图进行起义，并取得了一些军事上的成功，甚至接近胜利，但是最终他还是失败了。在他死后，他的儿子为了个人利益在投降条约上签字，并于 1558 年回到库斯科。印加人的后代仍在不断进行着抵抗运动，直到 1572 年马努克的儿子被执行死刑才结束。

在西班牙人到来几年之后，一些沿路的印加地方性首府变成了西班牙城镇，其他城市则逐渐衰败了。西班牙人的统治使很多印加原住民成为奴隶，另一些印加人则被迫退到了帝国中更加偏远的地方。

幸运的是，印加最著名的地区——宝石般的马丘比丘隐藏在安第斯山的丛林中，从未被西班牙征服者发现。现代专家们认为马丘比丘并不是一般意义上的城市，而是一个宗教活动遗址的中心。它的建造时期在阿塔瓦尔帕皇帝之前。在马丘比丘的 200 个建筑物中，包含许多寺庙和地下粮仓。当时约有 1200 人居住在那里，由他们耕种那些梯田，照料寺庙和祭坛，但有更为众多的人要在宗教节日里才间或来此聚会。

马丘比丘被浪漫地称为“消逝在云雾之中的城市”，正是对这个奇迹般的建筑遗址的不断研究，让我们对印加帝国这个山区文化有了更深的了解。马丘比丘对世人有着一种特殊魅力，它现在已成为秘鲁的旅游胜地之一。

如果西班牙人没有绑架阿塔瓦尔帕，皮萨罗的那一小队人马肯定会和许多远征队一样被赶出印加帝国，也许后人就不会为印加人的悲剧扼腕叹息了。

第八章

英国成为海上霸主

西班牙来势汹汹的挑战就这样惨遭重创，如风般消散。

英国人从西班牙人手中夺取了海上霸主的地位。

一个比腓力二世的王国更加庞大的帝国诞生了。

发誓要征服英国

1588 年 7 月 30 日，一名驻守在英国南部海岛上的英国哨兵正百无聊赖地躺在一棵树下打盹，当他迷迷糊糊地睁开眼睛时，突然间被所看到的一切吓坏了，所有的困意顿时全消——他所看到的是有史以来最强大的舰队："上帝啊，西班牙的'无敌舰队'最终还是来了。"那一艘艘巨型帆船一字排开，前后呼应，就像是一座从英吉利海峡南部海面上突然冒出来的岛屿，不，更像是一团充满毁灭力量的海上风暴，团团向海峡这边挺进，势不可当。

这名哨兵从震惊中清醒过来，想起他的职责。于是，烽火接连不断地在英国的海岸线上点燃。看起来威力无比的"无敌舰队"是西班牙国王腓力二世在一年前组建的。它针对的就是英国，确切地说是针对英国女王伊丽莎白的。

1586 年 12 月 4 日，信奉天主教的苏格兰女王玛丽被英国女王伊丽莎白以叛国罪处死。在腓力看来，伊丽莎白才是真正的罪犯，一个谋杀者，一个可恶的新教徒。

1000 年来，天主教一直统治着欧洲大地。腓力就是一个虔诚的天主教徒。他坚信：要想成为好的君主，你首先要是个虔诚的天主教徒。但是现在，天主教却受到了北欧新教的巨大挑战，尤其是来自英国的挑战。伊丽莎白靠着新教徒和新兴贵族的支持登上英国王位，将英国变成了新教国家。这在一直以天主教世界秩序维护者自居的腓力看来，实在是不能容忍。

另一方面，西班牙是 16 世纪时最大的欧洲强国，殖民势力遍及欧、美、非、亚四大洲。作为自罗马帝国以来最强盛国家的统治者，腓力一直期望自己能像查理大帝一样，不断扩张疆土，成为欧洲乃至世界的霸主。

但是，长着油亮红发和棕色眼睛的 52 岁的英国女王成为他扩张之路上的绊脚石。这个女人通过宗教改革和血腥立法，不但把英国变成异教的堡垒，更把海外贸易与赤裸裸的海盗行为结合在一起，竟敢纵容海军掠夺西班牙船只来扩张自己势力，向西班牙的垄断地位发出挑战。

更为可气的是，她竟然毫不留情地拒绝了他的求婚。

早些时候，腓力和伊丽莎白的姐姐玛丽一世结婚。玛丽死后，腓力提出娶伊丽莎白为妻。他送去了钻石珠宝，得到的却是炮弹轰炸和断然拒绝。多年以来，这个可能成为他新娘的女人却变成了他最头痛的敌人。

新仇旧怨早已令腓力二世对她仇恨万分。起先腓力二世不想诉诸武力，他勾结英国天主教势力，企图把信奉天主教的苏格兰女王玛丽扶上英国王位。但是，伊丽莎白识破了他企图颠覆王权的阴谋，在 1586 年 12 月一个阳光明媚的早晨，伊丽莎白下令斩首苏格兰女王玛丽。

这一决定大大激怒了腓力。他发誓要征服傲慢无礼、亵渎神灵的英国人！

罗马教皇也以主的名义对他表示支持。教皇从来就没有承认过伊丽莎白是合法君主。她的宗教改革，更是对天主教世界的大胆挑战，他们不能容忍这种情形继续下去。

在教皇支持下，腓力二世宣布对新教国家——英国——发起圣战。他说“我要竭力完成主的旨意”。他下令组建世界上规模最大的海军舰队。来自西班牙和葡萄牙的造船工匠用了近两年时间建造了 131 艘大帆船，每艘船的重量都超过了 200 吨。

腓力将舰队命名为“最幸运的舰队”。没过多久，舰队就凭借它无与伦比的实力赢得了“无敌舰队”的美称。

腓力制订了一套兵分两路的大胆入侵计划：“无敌舰队”航行穿越英吉利海峡，同时地面部队则挺进法国北部加来。两支部队在那里会合。“无敌舰队”将像一道新月形的盾牌保护地面部队顺利渡过英吉利海峡。

腓力任命西班牙最杰出的军事指挥家梅迪纳公爵负责这次远征。这项决定充满了冒险成分，因为梅迪纳从未指挥过海上战争。这位西班牙最伟大的士兵试图婉言谢绝这一任命。他说：“我的身体不适合海上航行，我的经验告诉我，我会晕船的。”

但是，腓力认为，梅迪纳除了经验丰富，还有许多优点：他拥有贵族头衔，名声清廉，而且非常虔诚。在腓力的执意要求下，梅迪纳受命接过“无敌舰队”的指挥权。

梅迪纳精心挑选了一批人后马上投入工作。他计划将“无敌舰队”打造成一个天主教的海上堡垒。在当时，这支舰队绝对无人能敌。它载有足够几个月食用的给养，还有数百名宗教法庭的神职人员。梅迪纳下令所有士兵禁欲，并禁止赌博和骂人。

就在梅迪纳上任三个月后，即 1588 年 5 月末，他在旗舰“圣马丁号”上升起了皇家战旗。“无敌舰队”受命从里斯本扬帆起航，踏上 800 英里的漫漫征程。这时“无敌舰队”共有舰船 131 艘，船员和水手 8000 多人，船上满载 2.1 万名步兵。舰上配有重型加农炮，火力十分强大。按西班牙海军传统战法，在和敌人作战时，要尽量靠近敌船，一边进行炮火攻击，一边冲撞敌舰，然后令步兵强行登上敌舰，制服敌人。

在舰队出发的那一天，舰队中的每个人都领受圣餐，举国上下都在为他们祈祷。祝福的钟声在西班牙王国的每一座教堂中不断回响。

但是，强大的西班牙“无敌舰队”在离开海港 20 天后就遇上了猛烈的暴风雨。6 月 19 日晚上，“无敌舰队”在西班牙的北部沿海地区遭到了百年不遇的暴风袭击，舰队被吹散了。跟着，舰队的饮用水变臭了，食物开始腐烂，士兵们出发时的那种浩荡气势完全没有了，代之以意志消沉。

舰队还未离开西班牙领海就被迫返航。6 月 22 日，旗舰“圣马丁号”垂头丧气地驶进西班牙的拉科鲁尼亚港。其他失散的舰船还需要一个月时间才能返航。

在船舱中，梅迪纳一直对着十字架祈祷，求神明给予指点。对舰队来说，维修破损船只、补充给养都需要时日，这使他错过了和地面部队会合的日期。尽管如此，他仍然忠于职守，牢记国王的训导："如果你失败了，那不是神的旨意，而你是不会失败的。"

首次交锋

在伦敦，伊丽莎白女王同样焦急不安。在处死玛丽女王的那一刻，她就知道必将爆发一场战争。所以，她派出不少间谍，刺探西班牙人的行动。她得到的情报是“无敌舰队”已经离开西班牙，它随时都会出现在英国海岸。

当时，英国海军力量远远比不上西班牙，只有 30 余艘战舰，但伊丽莎白别无选择，只有大胆迎战。情急之下，她下令征调了一大批商船，将之改成战舰。匆忙中倒也组建成了一支共有 100 多艘战舰的舰队。英国这些经过改装过的战舰，虽然绝对实力要比西班牙差很多，但船体小、速度快、机动性强，而且装备的火炮多数是威力一般但射程较远的霰弹炮。这种战舰既可以躲开西班牙威力大但射程不远的重型加农炮的轰击，又可以在远距离对敌舰开炮，所以也存在一定的制胜优势。

英国舰队由霍华德公爵任统帅，弗朗西斯任副帅。霍华德公爵是一名 60 岁的海军上将，他是贵族、新教徒，并且曾经在过去立下过赫赫战功。弗朗西斯更是一位擅长海战的人物。他的全名叫弗朗西斯·德雷克，过去曾是一名海盗，曾因疯狂地劫掠西班牙商船而积累了丰富的作战经验，并因此而声名大噪。事实上，英国的海军就是建立在海盗基础之上的，伊丽莎白为了发展本国经济，是一直鼓励纵容抢劫西班牙商船的，甚至根据士兵在抢劫中的表现，为他们加官晋爵，弗朗西斯就是因此而被授予中将军衔的。

然而，就这么一支匆忙组建起来的海盗式的舰队，能与强盛大国西班牙倾力打造的“无敌舰队”相抗衡吗？女王的心里并没有多大把握。

此时英国海军的部署是这样的：在普利茅斯部署了 90 艘战船，希望以此阻截西班牙舰队；另有 30 多艘战船驻守在海峡北部的唐斯，负责阻止西班牙地面部队从法国进攻。6 月底，焦躁不安的女王终于收到了密探的报告。报告中说，“无敌舰队”的船只目前正散布在西班牙北部的海港一带接受维修。对此，伊丽莎白女王马上召见了她的两位举足轻重的海军指挥官。

性格急躁的弗朗西斯主张采取主动进攻的战术，倾全部军力，趁“无敌舰队”还在西班牙北部休整时给予重击。他认为越早进攻就越有利。但是，伊丽莎白女王认为，如果舰队像在西班牙一样，受天气影响而受阻，或者遭到重创，英国就无异于对敌人敞开了大门，这样做太过冒险。最后，她要求以逸待劳，静观其变。

弗朗西斯大胆的进攻计划没有获得通过，使得西班牙人躲过了一劫，也赢得了时间。经过近一个月的休整，梅迪纳的旗舰“圣马丁号”

又率领舰队离开拉科鲁尼亚港，向英吉利海峡逼近了。这时，舰队船只进行修缮后已经聚齐，装备了补给，同时风势有利，士气高昂。

站在旗舰的船头，看着仍旧整齐庞大的舰队，梅迪纳重新找回了勇气和自信。为了鼓舞士气，他提着指挥刀站在船头一遍一遍地高喊："以主的名义前进！"

7 月 30 日，"无敌舰队"终于靠近普利茅斯港。

当英国沿岸黑云压城时，弗朗西斯中将却在附近忙着玩滚木球游戏。很难说他是故意掩饰惊慌，还是果真胸有成竹，总之，直到"无敌舰队"距离海岸只剩 30 英里时，他才平静地说："我们结束这场球后再去对付西班牙人。"

令人惊讶的是，西班牙人并没有主动发起进攻。他们仍然固守着腓力二世国王定下的战略，要先去穿越英吉利海峡，到达加来后保护地面部队渡海作战。因此，他们对躲在普利茅斯港内的英国舰队竟然来了个视而不见。

7 月 31 日中午时分，当潮汐改变方向之后，40 艘英国战船离开了普利茅斯港。

英国人果然具有过人的勇气，竟然仅以区区 40 艘战舰，就敢对强大的"无敌舰队"发起挑战。两个小时后，他们成功插到了西班牙舰队的后方。霍华德公爵命令"蔑视号"旗舰向"无敌舰队"发射一枚炮弹，正式向对方宣战。作为回应，梅迪纳公爵在"圣马丁号"的主桅上升起一面西班牙皇家战旗。

"西英海战"在梅迪纳并不情愿的情况下拉开了序幕。

霍华德和弗朗西斯之所以敢于以少量战舰主动发起进攻，主要是考虑到西班牙舰队具有牢不可破的严密编队，正面交锋无论如何都难以取胜。因此，他们计划用灵活快速的战舰逐个分离和击破西班牙舰船。用弗朗西斯的话说，就是要“一根根地拔光它们的羽毛”。

首战持续了 4 个小时。

当炮弹的轰鸣逐渐平息，硝烟渐渐散去时，英国人的战绩并不理想。虽然也击中了几艘西班牙战舰，但对削弱对方的实力来说几乎没有什么作用。“无敌舰队”的新月形编队是无懈可击的海上防御部署，所有战舰都装备了 1000 公斤重的铁锚，还有威力强大的加农炮。它们更像是浮动的堡垒，不断逼近英方战舰，试图依靠短兵相接制服对方。

相比之下，英国战舰灵活快速，能轻易避开“无敌舰队”的锋芒。但它很难打破对方的堡垒，也就无法实现各个击破的战术。所以，首次交锋的结果基本上可以说是不分胜负。

地狱之火

在随后的4天中，西班牙人仍然不与英国人纠缠，期望到法国北部的加来和地面部队会合后，再来与英国舰队一决高下。但是英国人似乎看出了西班牙人的意图，所以英国舰船竭力阻止“无敌舰队”，时不时地对之进行主动进攻，但最终没有成功。

庞大的“无敌舰队”像一股笼罩在英国上空的黑云，压迫着英国人的神经。继500年前“征服者威廉”入侵英国之后，梅迪纳将成为入侵这片土地的又一人。

对西班牙来说，只要保持编队有条不紊，他们就能在与地面部队会合后，水陆夹击，于年底占领英国。一切进展顺利。8月6日，星期六的早晨，梅迪纳看到了法国加来的海岸线。

当天中午，舰队在加来港抛锚，但地面部队却不见踪影。梅迪纳等到的消息是，地面部队两周之后才能到达。

这下子梅迪纳慌了。他现在的处境是进退维谷：食物严重匮乏，弹药也消耗殆尽。这时候，他开始后悔，以前英国人向他的舰队发起进攻时，他不应该让部下不遗余力地还击。英国人可以随时在自己的口岸补充给养与弹药，而他却不能。现在危险正在一步步逼近，于是他写了一封信，要求火速发给腓力国王。他写道："我被困在这里，敌人就在我旁边。他们可以随时向我开炮，而我根本无力招架。"但他心里明白，这封信起不到什么作用，即使腓力收到信后以最快的速度给他支援，时间也根本来不及。

也许梅迪纳可以集中最后的力量，向英国舰队主动发起进攻，在最短的时间内打败他们，但是那要冒很大的风险，他没有十足的把握。他认为，现在唯一所能做的就是等待。他祈祷英国人不要再来进攻。

当"无敌舰队"困在加来时，英国舰队却在休养生息。他们的供给充足，士气高涨，士兵们跃跃欲试。他们知道自己不只是为了一己生存，而是为了国家的存亡而战。

这时，霍华德和弗朗西斯深感忧虑的是：当西班牙舰队和地面部队会合后形势会对英国不利。他们已经知道西班牙地面部队未能准时到达，现在或许是他们战胜西班牙舰队的最后机会。要不要进攻呢？"无敌舰队"看起来强大无比——英国人还不知道他们的弹药已经所剩无几。

8 月 7 日早晨，英军总司令霍华德召开紧急会议。经过数小时的争论，弗朗西斯想到了一个绝妙的主意。

他俯身趴在会议桌上，兴奋地用拳头敲打着桌面。"火攻！"他大喊着，"对，我们可以放火船！"

当天午夜，星月无光，云雾重重，海面上刮起强劲的东风，西班牙船员都已进入梦乡。8 艘英国旧船借着风势流星一般驶向西班牙舰队。这些船内都装满炸药，船身涂满柏油。一旦船身被点燃，炸药爆炸的碎片将带着火焰，冲到方圆一英里的地方。夜梦中，西班牙人尚不知“地狱之火”已经驶近。

驾驶 8 艘旧船的英国水兵，在接近敌船后，将船点燃，然后乘小船离去。只见 8 艘火船犹如 8 条火龙，顺着风向和水流直向敌人舰队冲去。

是时，梅迪纳正在船舱里召开战时紧急会议，被甲板上传来的叫喊声打断了。他急步赶到甲板上，看到他的舰队已经陷入了一片火海。士兵惨叫不断，有的落海，有的烧死。“无敌舰队”在离开西班牙后第一次变得军纪涣散。惊慌失措的船长们纷纷砍断锚链，四散而逃。在夺路而逃的混乱中，许多船舰又自相撞击，船舰沉没，将士落水……

在这个晚上，几艘火船轻而易举地击溃了“无敌舰队”。

第二天早晨，“无敌舰队”的战船七零八落地散布在法国沿岸。梅迪纳变得孤立无援。他驾驶“圣马丁号”逆风航行，驶进了加来东北方向的格林拉夫海域。这时候，与他随行的只有 5 艘舰船。其余的战舰则散落在距他很远的海面上。与此同时，英国舰队正在步步逼近。被逼无奈的梅迪纳只得横下一条心，背水一战。

弗朗西斯终于迎来了等待已久的时刻。格林拉夫战斗打响了，这是对付西班牙的整个战争中最残酷、耗时最长的一战。

弗朗西斯看准了梅迪纳的旗舰所在，指挥着自己的旗舰“复仇号”近距离向“圣马丁号”发起猛烈进攻。

其他 140 多艘英国战船也加入战斗，对已经七零八落的西班牙舰船进行围追堵截。“圣马丁号”遭到 500 多枚炮弹的轰击。事后，一名幸存者描述道：“舰船简直是千疮百孔，惨不忍睹！”“圣马丁号”完全被硝烟笼罩。有一个多小时的时间，人们眼前是一片浓烟，什么也看不见。

梅迪纳公爵本人腿部受伤，但他仍然坚持留在甲板上。他宁愿战死沙场，也不愿投降或自杀。

那一天，他几次尝试重新编队，但是由于西班牙的战舰失去了锚，无法抛锚定位，被英军冲得四分五裂。格林拉夫战斗最后演变成了一场疯狂的杀戮。英国试图一举摧毁强大的西班牙“无敌舰队”。

傍晚 6 点左右，突如其来的暴风雨使战斗中止。双方这次会战的损伤情况差别悬殊：英军损失 60 名士兵，战船无一受损。而西班牙方面却是伤亡惨重，共有 4000 名士兵死亡，4000 名士兵受伤。“无敌舰队”被打得七零八落，沉没与失踪无数，两支舰队的旗舰也均遭重创，舰队副帅被俘。所幸，梅迪纳的旗舰逃出重围，但甲板上已是血流成河。

救命的风暴使西班牙舰队得以喘息，但在风暴过后，仍处于英军舰队的围追堵截之中。西班牙人不敢再穿越英吉利海峡返航，梅迪纳命令所有残余舰船绕过整个不列颠群岛返回西班牙。

在仓皇溃逃中，梅迪纳发着高烧，意识模糊地躺在床上。西班牙来势汹汹的挑战就这样在惨遭重创后如风般消散。

海上帝国的诞生

三天后，国王腓力在马德里听到了他一生中最坏的消息。他说：“看到那么多的时间、金钱和努力全都付之流水，我简直悲痛欲绝。而且这是主所赋予我的神圣使命，我不知道该如何去承受这种痛苦。”

西班牙一片沮丧，英国却是举国欢庆。

在历史上最重要的一次讲话中，伊丽莎白女王说：“我只是一个弱不禁风的女人，但是我却具有王者的气概和风范。我敢说，罪恶的西班牙人再也不敢侵犯我的王国了。”就在英国上下举国欢庆的时候，“无敌舰队”的残余舰船正艰难地在北海上挣扎前行，归乡的旅程是他们来时的两倍之长。不幸的是，在返航途中，舰队又接连两次遭遇大风暴的袭击，又有许多舰船沉没，还有一些不知漂到了何处。

有些人被冲到了怪石嶙峋的爱尔兰海岸；有些人艰难地爬上荒岛，寻找水和食物。为了防止西班牙再次进犯，伊丽莎白女王下令：“逮捕和处死所有被发现的西班牙人。审讯时可以动用酷刑。”于是侥幸逃生的人寥寥无几。

直到 1588 年 10 月，“无敌舰队”残余的舰船才返回西班牙。130 多艘战船有 2/3 被毁，仅剩 43 艘残破船只。而 3 万名士兵，有 2/3 的人丧生。

梅迪纳历尽艰辛回到西班牙，国王腓力宽恕了他的失败，但人民却无法原谅他。他自己也无法原谅自己。

英国在经历了英吉利海峡战役的大捷之后，开始蓬勃发展。英国人从西班牙人手中夺取了海上霸主的地位。从伊丽莎白女王之后，英国的国力蒸蒸日上，从原本只有数百万人口的孤岛小国一跃成为世界上头号殖民帝国，占有世界上 1/3 的土地。英国建立了比西班牙王国更加庞大的帝国，并在以后好几个世纪中保持着世界“第一强国”和“海上霸主”的地位。

而西班牙则因“无敌舰队”的覆没而一蹶不振，从此衰落。

第九章
新世界北美洲的探险

英国人和西班牙人、法国人及荷兰人在为新世界而竞争。

一桩出人意料的婚姻产生了戏剧性的结果，成为英国人征服北美的基石。

英国人初到北美

1606 年 12 月 20 日，三艘从伦敦起航的渡轮，经过两个多月的航行，渡过了波涛汹涌的大西洋，终于看到了陆地海岸。船上的 140 名英国人欢呼起来——他们终于来到了心目中的新世界。

17 世纪初叶的北美洲被称为新世界，是一笔未被染指的财富，吸引着欧洲所有的探险者。现在，这群英国人历尽漂泊，终于到达了渴望已久的北美洲东海岸，怎能不令人激动呢？越到近前，他们越是欣喜兴奋。他们被眼前的美景深深打动了。从船上看去，静静的碧蓝的海水，海岸边茂密的草丛，以及稍远处郁郁葱葱的无边的原始森林，配上头顶上的蓝天，简直像梦幻般美丽，甚至比梦幻、想象还要美丽。他们激动地发出感慨："这里一定是天地间最令人向往的乐土！"所有的人都不由自主地憧憬起自己美好的未来。许多人甚至都不敢相信，自己竟然能来到这么美丽的地方。

这些英国人继续向切萨皮克湾进发，因为那一地带属于伦敦的弗吉尼亚公司。切萨皮克湾的美景仍旧让他们陶醉不已。经过考察，英国人最终选定距詹姆斯河 50 英里的一个岛屿作为他们的登陆地点。于是乎，英国人的第一个殖民地诞生了。他们以国王詹姆斯一世的名字给殖民地命名为詹姆斯敦。

这个殖民地是私人投资的，但仍然对英国承担义务。他们的任务是找到黄金或者任何其他能在英国赚钱的东西。

在登陆之前，英国人就想当然地把这里的森林、旷野划归为弗吉尼亚公司的资源。但是，印第安人才是这里真正的主人。他们已在这里生活了上万年。

阿尔冈琴族印第安人就生活在弗吉尼亚的森林里，这里是他们世世代代的家园。部族的首领是强壮有力的酋长波瓦坦。他的领地覆盖了弗吉尼亚广大地区，包括 30 多个印第安部落。他们并不欢迎这些远道而来的英国人。因为在印第安人眼里，所有的白人都是入侵者。这倒并不是因为印第安人心胸狭隘，而是因为他们从其他部族的原住民同胞那里，听到过太多关于西班牙人、法国人等欧洲白人的暴行劣迹。

但是，对这些初到北美的英国人来说，这么美丽的地方怎么能放弃呢？英国移民事先也明白印第安人对他们的反感和拒绝，因此作为防范，他们在驻地四周竖起了 5 米高的木栅栏，把詹姆斯敦建成了一个临时堡垒。此外，英国人还有一个劲敌，那就是西班牙人。西班牙人比他们早到一步，并先于他们在美洲大陆的南部建立了规模空前的殖民地。西班牙人时刻想扩张他们的殖民地，说不定哪天，他们就会向英国人进攻。

英国人既然来了，就不会轻易离开。但是，要想成功开辟这片殖民地，公司必须吸引更多移民。补给船很快返回英国，也带去了弗吉尼亚的河流挤满野生动物的故事。英国报纸也争相宣传，说在弗吉尼亚能种出最好的水果。大家都非常激动，很多人相继来到这里。

那些肤色棕黄、上身赤裸的印第安人躲在林子里，忧心忡忡地注意着英国移民，他们意识到白人是想在这里定居。

阿尔冈琴族印第安人一直与自然和谐相处。他们自给自足、性情骄傲。他们会织布、会制陶，种植玉米、花生和烟草，也进行渔猎。他们的生活以家庭为中心，聚居成一个个部落，每个部落从几十人至数百人不等，是完全的氏族社会。酋长是各个部落的最高首领。

当 1607 年英国人来到他们的领地时，酋长波瓦坦已经 50 多岁了。他有 100 多个孩子，但他最疼爱的是一个女儿。这是一个有着一双大大的眼睛和纯真的笑脸的小女孩，也是一个淘气顽皮、精灵古怪的小女孩。她是波瓦坦的公主，也是酋长领地上所有部落的公主。她的名字叫波卡洪塔斯，意思就是“顽皮的人”。

每到夜晚，波瓦坦家圆形的木屋里就聚集着好多族人。他们围着火堆，一边烤马铃薯，一边讲述着身边发生的事情。这时候，波卡洪塔斯常常就和父亲一起坐在火堆旁，怔怔地听着。平时的淘气劲这时候一点也看不见了，只有她那黑亮的眼睛扑闪着，仿佛黑夜中的星星。她对一切事情都好奇，她渴望知道得更多。也正是在这里，她听到了白人到来的消息。波卡洪塔斯很想知道那些和自己完全不同的人是怎样生活的。

不久，英国人意识到他们选定的基地是块沼泽，根本无法种植任何果树，也没有任何其他可资生产的项目，而且到处是致命的蚊子，这些情况让英国人的生活苦不堪言。1607 年夏天，他们发现食物补给也越来越少了。

最后，他们被迫离开安全的堡垒去寻找食物，他们想学着印第安人去森林里打猎，但对于根本不了解大森林的这些英国人来说，打猎十分困难。此外，他们还会受到印第安人的攻击，因为那里是印第安人的领地。印第安人不希望他们留在这里，更不希望他们侵犯自己的领地。

不过，印第安人的弓箭虽然非常厉害，但却不能和从英国带来的来复枪相提并论。印第安人只能骚扰他们，却不能阻止他们，更无力赶走他们。

英国人虽然在武力上占到了上风，但这丝毫没有改变他们艰难的处境。到夏末，已有 50 名移民死于瘴气和饥饿，几乎占总人数的一半。这些英国移民大多数是贵族的第二个儿子，他们在本国无权继承土地，所以愿意漂洋过海来到这里开拓所谓的新世界，然而他们却几乎没有任何技术，面对这艰难的处境，他们一筹莫展。

约翰·史密斯是这些人中的例外，他曾经是一名经验丰富的士兵，有一副强健的体格；同时他又有外交家的经历，有着敏锐的头脑，因此，他被自然地推为詹姆斯敦的领袖。

史密斯似乎知道该怎么对付印第安人，他建议采取强硬态度。但这样做以后，他发现并没得到什么好处。于是，他改变策略，希望能与印第安人和睦相处。由于食物短缺，他不得不深入印第安人的领地进行贸易，交换能让大家活下去的资源。他学说当地的语言，告诉印第安人，英国人是为了躲避西班牙人而来，只做生意，不移民。

但印第安人对他们的怀疑依然如故，他们不愿与白人进行往来，他们愿意过不受打搅、不受侵犯的日子。

英国人到达 6 个月后，波瓦坦的兄弟在奇卡霍米尼河的河边遇到了史密斯。史密斯试图用身上的玻璃弹珠向印第安人换取食物，但印第安人不理他，径直将他抓了起来。史密斯成了第一个被当地印第安人活捉的白人。

史密斯被抓住后，印第安人把他当作活的战利品，骄傲地带出去示众。他被反绑着吊在一根横木上，由两名印第安男子抬着，从一个村庄到另一个村庄，像猎物一样被展览着。印第安人一边展览他，一边围着火堆跳舞。

几个星期以后，史密斯终于被带到波瓦坦面前。波瓦坦明白，史密斯的被抓获对印第安人有着特别的意义，因为这说明尽管白人手里有神奇的能喷火的致命武器，但却并不是不可战胜的，这个“猎物”带给了印第安人极大的信心。因此，波瓦坦决定举行一个隆重的古老的仪式，将史密斯当作祭祀品，以告慰先祖及那些被白人杀害的同胞。

这是一场奇特而令人恐惧的仪式。伴随着鼓声和歌声，印第安人强迫史密斯把头放在两块大石头间牢牢夹住。史密斯恐惧得全身瘫软，甚至连哀号声都发不出来。

这时候酋长波瓦坦率领家人、部下站在不远处，注视着仪式。他身边坐着妻子和孩子，包括他最疼爱的女儿波卡洪塔斯。印第安人手持棍子围着他们的酋长载歌载舞，只等酋长一声令下，就会用棍子敲碎史密斯的头。

波瓦坦抬头看了看天上的月亮，似乎认为时机已到。他庄重地缓缓举起双臂，仰天发出一声高亢的长啸，部落所有的男人于是也跟着发出同样的长啸。一时间，大森林里上下回荡着一阵浑然奇异的鸣响。当鸣响停止，酋长的双手一放下，史密斯的性命就要结束了。

就在这时，在众人眼前突然蹿出一个小小的身影。只见波卡洪塔斯飞快地奔上前去，拦在了史密斯和棍棒之间，这一出于最质朴的、怜悯的举动救了史密斯的命。

一位天使

波卡洪塔斯救下史密斯的这一年，她才刚刚 12 岁，还仍然是那个“顽皮的人”和顽皮的年龄。波瓦坦答应女儿放过史密斯之后，印第安人便不再为难史密斯，而是把他视为部落中的一员，为他养好伤，并允许他回到詹姆斯敦。但这个大胡子白人并没有急着回他的驻地，而是跟着这帮原住民同吃同住，学了好长时间的语言、制陶以及狩猎的技巧。

史密斯和波卡洪塔斯成为好朋友。这也并不完全是因为史密斯感激波卡洪塔斯救了自己的命，还因为波卡洪塔斯实在很可爱。不久，史密斯回到詹姆斯敦，波卡洪塔斯也跟着走进了那高大的木制围墙。

此后，波卡洪塔斯就经常去詹姆斯敦，成了那里的常客。围墙里的英国人也都很喜欢这个外族小姑娘。在那里，她仍然不改她那顽皮的天性。她喜欢搞恶作剧，有时会把这个人的帽子藏起来，把那个人的椅子抽掉；还有时，会偷偷地把人家刚刚圈好的鸡又放出来，在自己开心的同时，她也常常逗得史密斯和他的同伴们开心。她像阳光一样给他们带去了欢乐。

在顽皮淘气的同时，她还想了解英国人的一切。她模仿他们的行为，并开始学习英语。她对父亲领地之外的东西充满好奇。

1608 年 10 月，波卡洪塔斯看到两艘刚刚到达的英国船，船上除物资外，还有 70 名新移民。詹姆斯敦又壮大了、热闹了。然而，所有这些新来的移民像前一批人一样，谁都没有为即将出现的艰难处境做好准备。他们似乎认为这里四季常春，谁也没有想到，这里的冬天比英国的冬天还要冷。潮湿毁了他们储备的玉米，疾病和饥饿向他们袭来。

到了春天，波卡洪塔斯惊骇地发现，移民地有一半的人没能熬过冬天。她让人从父亲的部落拿来许多食品，作为礼物送到詹姆斯敦。她自己还带来了野火鸡，以及一篮子一篮子的玉米和面包。

“她是一位使者。”约翰·史密斯后来写道，“她把移民们从死亡、饥荒和混乱中拯救了出来。”据说史密斯在写这段回忆录的时候，一直都怀着微笑。

就这样，波卡洪塔斯与英国人的友谊像是融合剂，奇迹般地缓和了两个本来互相仇恨的种族。虽然双方仍没有正式的往来，但每当双方在大森林里偶尔相遇，他们会互相避开，而不再像以前那样互动干戈了。

不过，这种情况在波卡洪塔斯的父亲那里却是另一种感受。作为酋长的波瓦坦内心隐隐感到不安。这种表面的和平，使他一天比一天更加确定这些英国人根本不想离开这里。波瓦坦意识到史密斯撒了谎，他们来这里不是为了贸易，而是为了定居。他害怕终有一天，他的人民、他的领地将被这些白人完全统治。波瓦坦知道自己已日渐衰老，如果不及时采取行动，一切都将无法挽回。

欺骗激怒了波瓦坦，他决定杀死史密斯并准备发动一次进攻。行动被波卡洪塔斯无意中知晓了。波瓦坦了解自己的女儿，于是警告她不得去向英国人通风报信，否则就要处死她。

波卡洪塔斯还是一个孩子，她不知道其中的利害关系，她只知道，无论如何，都不能听任朋友们死去。

于是，那天晚上，她还是趁着夜色匆匆穿过森林去通知了史密斯。

波卡洪塔斯又一次为白人冒着生命危险违背了父亲的命令。她的父亲气得大叫，虽然终究舍不得处死她，但为了让她远离英国人，波瓦坦把她送到了领地的北端，从那里她不可能到詹姆斯敦去。

史密斯和他的同伴们躲过了一劫。但新的灾难又降临在詹姆斯敦，约翰·史密斯在一次意外的爆炸中受了重伤。他立即乘船返回英国疗伤。在他离去后，英国人群龙无首，处境非常危险。

波瓦坦决定趁机一劳永逸地消灭他们。他禁止所有印第安人同詹姆斯敦进行任何贸易，并用伏击和暗杀的手段对付英国人。

到 1610 年年底，由于没有首领又得不到印第安人的帮助，英国人陷入了绝境，他们没有食物了。为了活下去，他们被迫开始吃狗、猫和老鼠，有些人甚至开始吃人。

西班牙国王菲利普三世很高兴听到詹姆斯敦衰落的消息。他的南部殖民地非常繁荣。如果英国人失败了，他们就可以把弗吉尼亚据为己有。

爱情童话真实版

当詹姆斯敦的移民陷入绝望之际，终于又有船从英国来了。

约翰·拉尔夫就在船上。他 28 岁，高大俊朗，出身于英格兰东部的农场主家庭。他像其他移民一样，也是来新世界寻梦的。但与其他人不同的是，他没有那么多不切实际的幻想，他来到弗吉尼亚是做好了艰苦奋斗的准备的，同时，他还是一个勤于动脑和勤于动手的人。

来到詹姆斯敦不久，拉尔夫就注意到这里生长着大量烟草，而烟草在英国供不应求。弗吉尼亚的土质和气候非常适合种植烟草，而当地的印第安人种植烟草的历史，早在几个世纪前就开始了。拉尔夫认为进行烟草种植是一个很赚钱的营生。于是，凭着他在家乡农场的工作经验，他开始了烟草种植实验。一季又一季，经过两年的实验，拉尔夫终于培育出了一种优质烟叶。

拉尔夫的成功使其他移民也开始种植烟草。在经历了那么多苦难和艰辛以后，詹姆斯敦终于可以自给自足，甚至有了节余。这群英国移民又看到了希望。

然而，随着英国人烟草种植规模的扩大，以及移民人数越来越多，他们与当地印第安人的矛盾也越来越深。印第安人比以往更加频繁地偷袭、攻击他们。

英国人发布了最后通牒："停止你们恶意的行为，否则，我们将被迫开战。"而波瓦坦送来的回答是："离开我的领地，或者把你们的领地限制在詹姆斯敦，否则，我将命令我的人杀了你们。"双方的矛盾无法调和，冲突也在不断升级。敌视与仇恨重回到彼此心间。

就在这种剑拔弩张的时刻，离开父亲三年的波卡洪塔斯回到了部落。她现在已经出落成一个 18 岁的美丽姑娘。尽管现在本土人和英国移民处于敌对状态，但她在那些认识她的英国移民心中仍旧是温暖亲切的小姑娘。她的归来让英国人心生一个结束敌对的计划。他们将绑架她作为人质，去要挟波瓦坦酋长。

波卡洪塔斯一如当年那样单纯好奇。一天，当一位名叫赛缪尔·安格尔的英国船长答应带她参观英国轮船的时候，她没有任何戒心地就跟着他上了船。她受到了款待，但不能上岸。接着，她被带到詹姆斯敦，被软禁在那里。英国人以为有了筹码，就派人送信给波瓦坦，要求他把英国人质、盗走的武器和食物还给他们，以交换他的女儿。

波瓦坦越来越老了。他知道英国人已经越来越多，除了在他的领地之外，他们在很多地方也都建立起了新的殖民地。他不知道还有没有希望把英国人赶走。他不知道下面该怎样做。因此，双方开始谈判，但是谈判进行了一年也没有结果。不过，波瓦坦知道波卡洪塔斯是不会受到伤害的。英国人没有理由不善待她。

作为酋长，波瓦坦终生都没有离开过自己的领地，但英国人却漂洋过海，不远万里地来到这里开拓新的疆土。谁能说得清这究竟是历史的预谋，还是不同文化的必然结果？这时波瓦坦还不了解，到 1613 年，英国人已经在亨利克、百慕大区和伊丽莎白城建立了新的殖民地。

他们把波卡洪塔斯带到了亨利克。正是在亨利克，波卡洪塔斯遇到了约翰·拉尔夫，印第安公主和英国的移民一见钟情。波卡洪塔斯的名字从这一刻起成为英国的传奇。而他们戏剧性的婚姻，则成为英国人征服北美的重大历史转折点。

关于他们是如何相遇相爱的，不同的文献和不同的人，有着不同的版本。但毫无疑问，那总是一种十分美好的真挚的情感。

如果说他们的相爱是一个多版本的童话的话，那么，他们相爱之后，面临的处境则把我们拉回到现实中来，但现实中的爱情更加真切动人。拉尔夫在写给总督戴尔的信中表达了自己矛盾的心情："她行事野蛮，接受的教育简单原始，而她的族人十分可憎，我居然爱上了她。"

不错，他们相爱了，爱得很真实，也很坚定。拉尔夫和他的同伴早已被警告过禁止和印第安女子结婚，但感情战胜了禁令，他对此不予理会。为了爱，拉尔夫引导波卡洪塔斯相信基督教并陪她接受了洗礼；为了爱，波卡洪塔斯自愿将名字改为吕贝卡。这个名字让人想起《圣经》中的吕贝卡，她是两个民族的母亲。

拉尔夫给总督戴尔写了一封信，请求和波卡洪塔斯结婚。当时英国人正在和波瓦坦进行谈判，英国总督十分乐意促成这门婚事，把它当成谋求和平的途径。

但他们还必须得到另一位大人物的同意。

让每一个人都意外的是，波瓦坦也同意了这门婚事。他已经老了，不想再和英国人作战。尽管波瓦坦拒绝参加婚礼，但还是让他的兄弟代表他出席，他的两个儿子，即波卡洪塔斯的哥哥以及其他族人也共同见证了这场婚礼。

1614 年 4 月，这对有情人的婚礼在詹姆斯敦的教堂举行。英国人和印第安人都赶来参加了。当波瓦坦的兄弟和其他族人跨进詹姆斯敦那高大的木制围墙内的时候，两个种族之间多年的敌意，倏然间被这一阵婚庆之风吹散了。

还是那个主持婚礼的牧师说得好。他说：“今天，我们聚集在这里，在上帝的面前，约翰·拉尔夫先生和吕贝卡将缔结神圣的婚姻。在此，我们希望这桩婚姻不会被轻率地对待，你们要谨记自己的责任和义务。这是一桩伟大而神圣的婚姻，是两个国家之间的婚姻。”

无言的结局

婚后，波卡洪塔斯和拉尔夫定居在詹姆斯敦北部。能干的拉尔夫在那里盖了一所不错的木房子，使之成为他们的家。他还扩大了烟草种植，等着更多的收获。

印第安人也变得非常友善，甚至允许英国人进入自己的领地。

拉尔夫在给家乡亲人的信中写道："我们安宁地种植和收割，像在英国一样自由而安全地在树林里打猎，不必害怕危险，也不必担心他们背信弃义。"从他的信中可以看出，他们——英国人和印第安人——过上了田园诗般的日子。

一年后，他们有了一个儿子，名叫托马斯。

这一时期被称为"波卡洪塔斯和平时代"。这一时期也是英国人在北美发展的关键时期。没有了后顾之忧，英国人开始在弗吉尼亚大肆发展自己的势力，为英国人在美洲的落户打下了坚实的基础。

1616 年，也就是结婚两年后，拉尔夫和波卡洪塔斯带着儿子乘船返回英国。和他们同行的还有许多印第安人。他们此行是要宣传弗吉尼亚殖民地和印第安人在文明上的进步。

波卡洪塔斯穿着英国的时装，接受了欧洲礼节的指导，然后被带出去介绍给英国的社交界。她还像小时候一样充满好奇，喜欢尝试，在单纯的心性下体会新奇的快乐。她和同伴在英国人的陪同下游遍了伦敦，被眼前的情景所折服。他们参观了伦敦桥，参加了圣保罗教堂的礼拜仪式。热情的接待使他们感到自己非常受欢迎。

波卡洪塔斯和拉尔夫还应邀参加了一个不同寻常的假面舞会，直到最后他们才知道这场舞会的主人就是詹姆斯国王和安娜王后，国王和王后给了他们特别的问候。

7 个月后，伦敦潮湿而寒冷的天气终于使这些印第安人开始感到不适了。有好几个人病倒，波卡洪塔斯的健康状况也每况愈下，是回弗吉尼亚的时候了。

1617 年 3 月的一天，波卡洪塔斯和丈夫、儿子登上了“乔治号”，沿泰晤士河踏上归途。然而几个小时以后，她就觉得非常难受。在拉尔夫的强烈请求下，“乔治号”靠岸了。拉尔夫立即为她请来了医生。

医生在最短的时间赶到，但已回天无力。波卡洪塔斯死于肺炎，年仅 22 岁。

临终前，她没有哀伤，反而安慰丈夫：“所有人都是要死的，只要孩子活着就够了。”也许我们可以从另外的意思上来理解她的遗言。她善良地、尽情地、快乐地度过了自己的一生，虽然短暂，但也许她心里觉得，她的生命没有遗憾。

一个月以后，拉尔夫独自回到了弗吉尼亚。托马斯病得太厉害了，只能留在英国。

波卡洪塔斯的传奇产生了巨大作用。想去美洲的人太多了，弗吉尼亚公司不得不进行改革。持股人能在新世界得到 50 英亩[①] 土地。到 1619 年，詹姆斯敦的烟草工业已经非常发达，詹姆斯敦河沿岸有许多种植园。

但拉尔夫和其他种植烟草的农场主极度缺少劳动力。那年 8 月，一艘载着 20 个黑人的荷兰船只驶入詹姆斯敦。这些在英国殖民地登陆的第一批非洲人是有契约的奴隶，他们在烟草种植园工作，但最后还有获得自由的可能。

但是，人们渐渐发现使用奴隶种植烟草是最经济的方法。到 17 世纪末，奴隶在北美殖民地被广泛接受了。但自由却被农场主们遗忘了。

如果波卡洪塔斯没有嫁给拉尔夫，弗吉尼亚殖民地就不可能存在。接下来的 8 年和平使英国人站稳了脚跟，并且把印第安人逼到了内陆。1622 年，弗吉尼亚公司垮台，詹姆斯敦成为皇家殖民地，成为英国在北美的第一个永久殖民地。

为了拯救自己的土地，印第安人做了最后一次努力。他们进攻了詹姆斯敦，杀死了三分之一的移民。但他们行动得太晚了。移民的数量已经很多，足以从灾难中恢复过来，更足以进行疯狂的反扑。

从 1624 年起，大量移民涌入新世界，其中包括波卡洪塔斯的儿子

---

① 1 英亩约为 4046 平方米。

托马斯·拉尔夫。在接下来的几个世纪里，弗吉尼亚成为英国拓展北美殖民地的基石。

让人不知说什么好的是，波卡洪塔斯的婚姻竟导致美洲这么多原住民死亡，也摧毁了他们的文化。

第十章
争夺加拿大

英国决心无论如何都要控制这片令人垂涎的新大陆。

就在那个夜晚，4500 名英军士兵摸黑翻越了魁北克城墙外的高耸峭壁……

此后英国和法国这两个国家的影响将在一个国家的内部永远地交织和盘绕，它就是加拿大。

不到 20 年，美洲获得了独立，美国诞生了。北美的版图和格局发生了深刻的历史变化，它延续发展至今，已没有人能否认它带给全世界的影响。

令人垂涎的新大陆

公元 18 世纪，北美的广袤土地已成为欧洲列强的丰盛战利品。在你争我夺的瓜分大战中，法国人取代西班牙人，占有了这片大陆的大部分地区。1750 年，法国宣布了对加拿大的占有权，并把它称为新法兰西。他们还宣布了对面积大约是现在美国 1/3 的路易斯安那的占有权。但是，英国的势力在不断地膨胀，强大的哈德森海湾公司正蚕食着有利可图的法国皮毛贸易。在东南方，马萨诸塞和弗吉尼亚的英国定居者也梦想着向西扩张。

冲突在所难免，英军已经向加拿大发起了进攻。

英国战争大臣威廉·皮特有一个海外扩张的庞大计划，他决心无论如何都要控制这片令人垂涎的新大陆。作为出色的战略家，他看出圣劳伦斯河是进入加拿大的战略要道。圣劳伦斯河由西至东，蜿蜒入海，河岸上分布着渥太华、蒙特利尔和新法兰西的首都魁北克等繁华城市，此外，沿河一线的南岸还有迪尤肯堡、奥斯维格堡，以及提康德罗加这样的战略要塞。圣劳伦斯河可以算是法国人在新法兰西的生命线，他们的防线也以这里为主，布有重兵。

来自法国小镇圣维伦的路易·约瑟·蒙特卡姆侯爵被任命负责调整新法兰西的防线。这位已年届44岁的法国贵族来到了法国统治下的这个原始的海外边陲，并开始培植自己的统治势力。

蒙特卡姆个子不高，头颅肥大。和欧洲其他贵族一样，他接受的是传统的军事教育。他认为手下的士兵应该像绅士一样，以整齐的队列与敌人面对面作战。这是欧洲的方式，在当时也被认为是最有效的方式。因为火药枪虽然在当时的欧洲军队已经得到了普及，但使用起来十分笨拙。在第一发子弹射出之后，还要经过好几道操作，要几十秒钟才能射出第二枪。列队的士兵通常都是站成三排，第一排的士兵以半跪式射击后，退至第三排的后边，填装弹药。其位置马上由第二排士兵补上，并同样以跪式射击。如此往复，三排士兵轮流发射，这样可以保证射击的连续性和最大的杀伤力。

蒙特卡姆对手下士兵的训练是随便而松懈的。但是，法国士兵对驻扎在离家数千里以外的加拿大一直并不情愿。与其说他们厌恶兵役和训练，不如说他们厌恶这个鬼地方的无聊日子。因此，在训练之外，这些士兵在常日里不是喝酒，就是赌钱或嫖妓。反过来，当地法国定居者也对这些士兵怀有怨恨，认为他们不干正事，令人厌恶，却要靠当地人的辛苦劳动来供养。

当地法国定居者最初来到这里与当地印第安人做贸易。他们用工具和枪支交换海狸毛皮，许多人因此留了下来，在此扎根。魁北克的州长瓦德鲁伊尔就是其中之一，当时他已经年过六旬，法国定居者和本地印第安人被他管理得井井有条。瓦德鲁伊尔听说了对蒙特卡姆的任命非常气愤。身为州长，他掌有这个省的管理权，现在却要他在军事方面听命于蒙特卡姆。瓦德鲁伊尔认为蒙特卡姆除了贵族头衔什么都不是，最要命的是，他不是加拿大人，对这里的情况根本不了解，却又喜欢乱发号令。蒙特卡姆则是个自负、神经质而且性情急躁的人，在他看来，瓦德鲁伊尔无知而且腐败，做事愚蠢。新法兰西的防线当时就掌握在这两个彼此憎恨的人手中。

起初，蒙特卡姆的对英作战是成功的，英军在圣劳伦斯河南岸的进攻相继失利。

但是，英国的那位战争大臣皮特很快意识到，他的优势是拥有世界上最强大的海军。要想击败法国就必须借助于英国令人生畏的海上力量。他选中了 32 岁的詹姆士·沃尔夫负责从海上入侵的任务。皮特从沃尔夫身上看到了自己的影子：野心勃勃、危险而且狂躁有力。

经过三个月横跨大西洋后，沃尔夫率领着庞大的舰队驶近卡伯特海峡，面对的是法国的路易斯堡和其守军。

雄伟壮观的路易斯堡是新法兰西的门户，它的身后就是圣劳伦斯河的入海口，它守卫着内陆 800 英里处的首都魁北克。这座北美最强大的堡垒有着厚 10 英尺、高 30 英尺的石头城墙。路易斯堡建于 1720 年，目的是保护法国在北美的利益，也是法国自信的象征。法王路易十五曾开玩笑说，他从法国就能看到城堡。

法国的生活方式也被搬进了路易斯堡的围墙内。从牲畜到家具，几乎每一样东西都来自法国。法国人在这里过着惬意而舒适的生活。

然而，英国人带着贪婪的欲望来了。

1758 年 6 月的一个清晨，沃尔夫指挥他的舰队向路易斯堡两英里外的一个海滩发起了突然袭击。在战舰猛烈的炮火掩护下，英军的精锐步兵，乘着数十只小船顺利登陆，并很快拿下了这个滩头阵地。

英军夺取了滩头后，目标直指路易斯堡。

法军一支小型舰队被困在海港内不敢出战，它完全不是强大的英国战舰的对手。英军将部分火炮从战舰搬到陆地，在路易斯堡外围摆开了攻城架势。战火就这样弥漫了 1758 年的整个夏天。最后，沃尔夫将路易斯堡和法国小型舰队团团围困 52 天之后，法军投降了。

1758 年 7 月 26 日，英国军队正式进驻铜墙铁壁般的路易斯堡。新法兰西的大片土地暴露在英国远征舰队的面前，他们的首都魁北克也变得岌岌可危。

英法争夺魁北克

指挥英军拿下路易斯堡战役的詹姆士·沃尔夫看起来没有多少英雄气概。他消瘦而苍白，向后梳着的红头发突出了面部的三角特征，这一点和他那又长又尖的大鼻子常常成为别人的笑柄。沃尔夫生性孤僻自傲，不苟言笑，但胸中却燃烧着激情。他深爱着贵族未婚妻凯瑟琳·罗瑟尔，并一直期望能以军人的战绩留住她对自己的爱。这也是他的父亲对他的期望。

沃尔夫有着为了英国荣誉而战的抱负，但他却常常被病魔缠身，这令他极为苦恼。还有一件让他难堪的事，就是他的副手竟然把他的形象画成漫画来羞辱他这个上司。当然，沃尔夫最后没有放过这个不知好歹的副手。不过，沃尔夫由此愈发渴望获取更高的荣誉以博得人们的尊敬。

沃尔夫的目光投向内陆广袤的土地。

此时，法国部队已经无力控制通往魁北克的生命线——圣劳伦斯河。魁北克的防御部队大约有 1.6 万人，但只有一半是职业军人。要想保住这片殖民地，就必须火速向法国本土求援。

互相敌视的蒙特卡姆和瓦德鲁伊尔只好向巴黎求救，要求得到人员及物资补给。然而，他们的请求被搁置了 6 个月。法国国王最终送来了一个令他们沮丧的消息：没有援军！因为当时法国正与普鲁士交战，法军被全线牵制在欧洲战场。法国国王在信上粗鲁地对他们写道："先生们，房子着火时，就顾不上马厩了。"

不过，沃尔夫还是给魁北克的法国防御部队留出了时间。他虽然攻克了路易斯堡，但是加拿大寒冷刺骨的冬天就要来临，他只得返回英国。在那里，他被奉为英雄并提升为准将。

喜不自禁的战争大臣皮特早就在酝酿一场攻克魁北克的袭击战。他设计了一个水陆夹击的战略。他让沃尔夫率海军主力沿着凶险的圣劳伦斯河而上，由海上突袭魁北克。另外，让其他两支陆地部队从圣劳伦斯河南岸分别进攻奥斯维格堡和奥尔巴尼地区，待他们过关拔寨后，两支陆军主力最终到达蒙特利尔会合，转而顺河而下向东进攻河边的魁北克城，这样，他们就可以与沿河西进的沃尔夫的海军舰队一起对魁北克实施前后夹击。拿下魁北克，英国将获得对北美的完全控制。

第二年春天，沃尔夫满怀信心地回到路易斯堡。

1759 年 6 月 6 日，包括 22 艘载满士兵的战船和 5 艘护卫舰在内的共 119 条英国战船、9000 名士兵，浩浩荡荡从路易斯堡出发，沿圣劳伦斯河向魁北克城开去。虽然 9000 人比起沃尔夫得到的许诺要少，但他们的确是北美当时最优异的士兵。

与此同时，英国其他两支陆地部队也从圣劳伦斯河的上游，1000英里之外的地方展开了行动。

当沃尔夫率舰队行驶在圣劳伦斯河上时，一路上，无力阻止的法国人在沿岸点起一连串的野火，他们是在向行进中的英国舰队发出警告，但也暴露出内心的恐惧。沃尔夫的手下得意地听着法国士兵们在岸上此起彼伏地喊："英国人来了……英国人来了……英国人来了……"

恐惧传到了魁北克，并不可阻止地蔓延开来。居民们也跟着士兵惊恐地大喊："英国人来了！英国人来了！"

法军统帅蒙特卡姆认为己方军队处于劣势，他决定采取防御战略，以逸待劳，等待敌人向魁北克发动进攻。蒙特卡姆相信，英国舰队巨大的舰船难以通过圣劳伦斯河，所以他一开始就没想办法去阻止英军，他只是把部队集结在距魁北克不远的下游的河流北岸，那个地方叫比尔波特。

但是沃尔夫的舰队稳步向河流上游驶来。英国人生来就是出色的航海家，多年以来，他们精通于将各种变化中的激流和浅滩绘制成海图。就算有狂暴的激流和出名的浅滩，依靠当地水手的经验，他们也能顺利地在圣劳伦斯河上航行。

离开路易斯堡两周后，英国舰队进入了魁北克，沃尔夫毫不费力地让他的舰队消灭了停泊在河湾里的法国军队和所有民用船只，然后在魁北克城的对面登陆扎营。目睹过许多船只毁于圣劳伦斯河上的法国人，终于看到传言变成了事实。

6月24日午夜，英国人在城市对面登陆的消息惊醒了蒙特卡姆。

他即刻提出要在河流沿岸设防，但却被瓦德鲁伊尔拒绝了。蒙特卡姆对瓦德鲁伊尔怒气难平，他指责瓦德鲁伊尔："他真是可笑、难以理解、精神错乱，他事事都不跟我商量。"魁北克的法军只好在两位互不服气的统帅指挥下，守在城里不出战。

英国军队则开始在魁北克对面的河岸上构筑防御工事，并在河流下游，魁北克城斜对面的奥尔良岛建立起大本营。

沃尔夫用望远镜仔细地观察了魁北克的防御系统。他发现这个城市同样是一个易守难攻的堡垒。城市的地势就像是一块伸向河面的岩石，四周筑起了一道可怕的天然防线，它三面临水，陡壁悬崖高耸，另外一面则是坚固的石墙。沃尔夫心知要攻下它不是易事。

虽然双方的士兵都在积极备战，但是，双方统帅都严格遵循着几个世纪以来形成的绅士战争的协议，他们互换了礼物——酒和食品。

7 月 12 日，沃尔夫开始炮击魁北克城。英国炮兵使用了 24 磅[①]和 32 磅重的重型大炮，炮弹足以打到一英里外河流对面的魁北克城。法军火力根本无法与之相比，毫无还手之力。轮番无情的炮击很快使港口地区成为一片瓦砾。

蒙特卡姆只有拒绝出战。他期望法国军队可以就这样坚守到冬天，就像前些年一样，严酷的冬天将迫使英国人撤退。

但英军的围困使魁北克日益艰难。城内的食物开始变得匮乏，它已经难以坚持到冬天。蒙特卡姆在给妻子的信中写道："和平再不到来，

① 1 磅约为 0.45 千克。

殖民地就会消失。”蒙特卡姆只得把赌注都押在天气上，他希望魁北克的冬天快些到来。

河对岸的沃尔夫对打败法军充满信心。但是他的健康状况欠佳，情绪也是时好时坏。

7 月底，情绪激怒的沃尔夫命令英军向蒙特卡姆建在悬崖顶部的堡垒发起攻击。但是，弃舟登岸的英国士兵却被困在了悬崖底下的泥浆中，法军抓住机会，狠狠地反击，猛烈的炮火打得英军支离破碎。英军不得不败退下来。这一战，沃尔夫痛失 443 名最好的士兵。

沃尔夫对自己的军队失去了信心，他开始怀疑凭自己这些队伍能否取胜。军队也对他失去了信心，他们扬言要向议会质询他的领军才干。更令人不可原谅的是，原定于在圣劳伦斯河上游南岸对法军发起进攻的那两支陆军部队遭遇挫折，还在 1000 英里之外苦苦战斗，根本不能前来会合。

沃尔夫面临着最黑暗的时刻。

英国拿下魁北克

英国军队的惨败使瓦德鲁伊尔备感振奋。他要求出战，主动进攻英军。但是这回却是蒙特卡姆拒绝了他。蒙特卡姆自觉非常清醒，认为厄运终将到来。他唯一能做的就是把周围郊区能参加战斗的居民都集合起来保卫魁北克。

他抓紧时间对他们进行训练，但是很困难。那些人根本就不知道怎么拉开枪栓，不知道怎样检查枪械是否能够开火。

沃尔夫则急于为自己遭受的损失进行报复，他命手下人焚烧城外所有的庄稼和村庄。大火燃烧了两个月，隆隆巨响盖过了那夏日的暴风雨。熊熊烈焰和浓浓的黑烟吞没了圣劳伦斯河沿岸 100 英里范围内的村庄和农场。就连沃尔夫的手下，也对他的野蛮行径备感震惊。他的一名助手写道："这是一场最糟糕的战争。"

沃尔夫此举却在英国朝野获得赏识。英王乔治二世听后不无欢喜地说："他真的疯了吗？这未尝不是好事。我希望他能刺激一下我的将军们。”也许他认为这样的战争就需要这样的疯狂。

英军坚壁清野的做法使法军更加艰难。他们更指望不上收获粮食过冬了。同时，蒙特卡姆认为在开阔地带作战对己方更加不利，所以也就更加不敢主动与英军进行面对面的战斗。他唯有暗自祈祷冬天快点到来。他想现在是 9 月，再坚持一些日子，河流就会结冰，沃尔夫来自路易斯堡的供给线就会被切断。也许，到那时他们会知难而退。至于己方还能不能坚持到那时，就只好请上帝保佑了。

沃尔夫也知道作战时机在慢慢消逝，英军只能背水一战。他们要赶在冬季之前将法军一举击溃。可让他着急的是他的身体每况愈下。他的肝脏在衰竭，然后是肾，他几乎无法站立。他向医生恳求道：“请让我这几天不要疼痛，让我能够完成我的使命。”

沃尔夫之所以如此着急，是因为他的下级指挥官为他献上了一个大胆的计划：英军乘着战船，趁黑夜神不知鬼不觉地向上游航行，绕过魁北克，再从法军防线高 175 英尺的悬崖上攀登过去。沃尔夫又对计划进行了大胆修改：他们将在离魁北克更近的地方安斯杜福伦登陆，行动就在法军眼皮底下进行。一旦成功，他们就可抵达魁北克背后的亚伯拉罕平原，从而轻而易举地进军魁北克。

1759 年 9 月 12 日夜里，沃尔夫为手下人朗诵了诗人格雷的著名诗篇《郊外墓地的挽歌》。这首诗气氛阴郁，诗的结尾写道：“光荣的道路只能通向坟地。”

9 月 13 日凌晨，沃尔夫率英军精锐之师趁着没有月光的静寂之夜出发了。沃尔夫事先已探知法军正在等候一支运粮船队。于是他让英军假扮成运粮队，让法语流利的高地人去蒙骗敌人。黑夜中，法军不辨真假，听到用流利的法语喊出“法兰西，国王万岁”这样的话，便认为他们是来送粮食的自己人，让他们通过了。

凌晨 4 点，英军的先头部队已在悬崖下面的小河岸登陆。从船里出来的沃尔夫，面对着那高耸陡峭的悬崖不禁有些望而却步。但紧接着他就下定决心对身边士兵说道：“我认为，即使我们拼尽全力也很难从这里攀登上去，但是无论如何，我们必须拼死一搏。”最终，英国士兵拖着沉重的背包、来复枪和成桶的火药，费尽周折地爬过这座陡峭的黑石灰石悬崖。沃尔夫也被手下以缆绳吊了上去。

让他们喜出望外的是，攀上悬崖后，他们发现那唯一的通道竟无人把守，负责防守的法军军官认为英军不可能从这里或其他任何一个地方登陆，于是派士兵去远方收割粮食了。

就在那个夜晚，4500 名英军士兵摸黑翻越了魁北克城墙外的高耸峭壁。他们所带的供给只够用两天，他们已经没有退路。

破晓，沃尔夫率部队在离城墙一英里的地方会合。法军惊得目瞪口呆。

法军更加没了退路。蒙特卡姆这时才横下一条心，决定放弃原有的防御策略。他匆忙聚集起 5000 人马开出城去，在城墙外的亚伯拉罕平原上迎击英军。这是他最喜好的战争形式，士兵们在战场上排列整齐，然后一步步向敌人靠近，接着开火。

就在法军匆忙组织作战队形时，英军的大炮已在400码[①]开外等候多时了。炮火使法军阵形大乱。蒙特卡姆见势来不及多想，便率先向英军冲了过去。法军于是呐喊着全部向英军阵地冲锋，边跑边开枪。

但这支由常规军和农民组成的混编队伍训练不足，组织涣散，他们的射击大多没有命中目标。

沃尔夫的队伍则排着传统的整齐阵形，平静地等待沃尔夫开火的命令。距离越来越近，80码、60码、40码……

“开火！”沃尔夫一声令下，英军阵营顿时爆发出枪火的共鸣。硝烟中射出的子弹齐刷刷地射中冲在最前面的法军。法军士兵则像被割的韭菜一样，一层层地倒下。

正当沃尔夫眼见法军溃散，下令英军部队全线冲锋之际，一名法军狙击兵开了一枪，击中了沃尔夫的胸部。

奄奄一息的沃尔夫听到一名士兵说："你看他们逃跑了。"

“谁逃跑了？”沃尔夫问道。

“是敌军，长官。”

沃尔夫挣扎着睁开眼睛，看到自己的部下已冲进了魁北克城，法军的旌旗在炮火中纷纷倒下，被换成了英军的米字旗。他艰难地咧嘴笑了笑，道："感谢上帝，我没有遗憾了。"说完他便死去。

法军统帅蒙特卡姆却难以得到这样的慰藉，他也受了致命伤。临死时，他知道魁北克已经落入他人之手。

---

① 1码约为0.9米。

法军在魁北克的失利成为北美的转折点，英军自此攻势如潮。短时间内，新法兰西的大部分领土便落入了英国人手中。三年来，英国和法国一直在激烈地争夺对北美的控制权。如今法国的威胁消失了，英国人成为这块土地上的霸主。然而，受英国统治的美洲殖民者，不管是英国还是法国或者西班牙的定居者，对英国的强权和压榨都十分不满，随即便开始了独立运动。不到 20 年，美洲获得了独立，美国诞生了。北美的版图和格局发生了深刻的历史变化，它延续发展至今，已没有人能否认它带给全世界的影响。

圣劳伦斯河曾把北美的控制权交给了法国，而后又交给了英国。这两个国家的影响将在一个国家的内部永远地交织和盘绕，它就是加拿大。

第十一章

拿破仑兵败俄国

拿破仑的梦想是建立一个统一的欧洲帝国。

当他身陷莫斯科，等候亚历山大回音的时候，他离灾难越来越近了。

欧洲没有按照拿破仑的意志而改变。兵败俄国是拿破仑王朝崩溃的开始，无敌神话破灭了。

法国皇帝的梦想

19 世纪初期前后，拿破仑·波拿巴以他的作战天赋震撼了整个欧洲大地。

拿破仑是科西嘉一位律师的儿子。这个个子不高，却才华横溢的年轻人，从法国大革命的硝烟中崛起，在短短数年间，率领着法国军队所向无敌，令欧洲大陆上的王朝公国逐一臣服。他的名字令敌国闻风丧胆，令国民推崇有加。他是个有着钢铁般意志的人，对军事战术有着赌徒一般的直觉。他仿佛不可战胜。

35 岁时，拿破仑登上了法国皇帝的宝座，成为法国的统治者，进而成为欧洲秩序的制定者和维护者。他的梦想是废除欧洲的皇室家族以及他们世袭的权力，建立一个属于自己的，只有一个政府、一种货币、一部民法，保护普通人的欧洲帝国。

拿破仑率领法国为他的梦想奋斗。到了 1807 年，整个欧洲只有俄国和英格兰没有被拿破仑征服。

拿破仑深知，要想在欧洲大陆上建立他的和平、稳定的新帝国，他必须找到一个坚定的盟友，一位亲密的终身朋友。他感觉到，俄国沙皇亚历山大可能就是他要找的那个人——虽然亚历山大只有 30 岁，但他已经是一位出色的外交家，并且是一位很受国民欢迎的领导者。

俄国是欧洲东部最大的帝国。如果法俄联手，拿破仑唯一的对手——英格兰——就将被孤立起来，拿破仑控制整个欧洲的夙愿也将得以实现。

问题在于，沙皇并不会自动成为盟友。机会很快就来了，拿破仑在弗里德兰一役中打败了俄国。他扬扬得意地邀请亚历山大一世到蒂尔西特进行和平谈判。为了让亚历山大留下深刻印象，拿破仑特意建造了一艘豪华浮船。

在尼曼河的豪华浮船上，拿破仑穿着他那著名的引领时尚的紧身裤和燕尾服，以不容置疑的口吻向亚历山大阐述了他希望缔结法俄联盟的想法。说实话，高大粗鲁的亚历山大对个子矮矮的拿破仑很不服气，但作为战败国的国君，他却无法拒绝，只能接受拿破仑提出的条件。于是很快，世界上最大的两个帝国便签署了一份和平协议。按照这份和平协议，俄国必须断绝与英格兰的所有贸易往来。这份协议的真正目的，就是要削弱英格兰的实力。

然而，拿破仑深知这份协议是脆弱的，甚至他的皇朝也是脆弱的。那些被武力征服的国家和地区，总会在签订协议后又时不时地跳出来反叛他。因此，为了巩固与亚历山大的伙伴关系，拿破仑想建立一个以婚姻为基础的联盟。他请求亚历山大将他的妹妹安娜许配给他。

然而，拿破仑早已是个有妻子的人，并且深爱着她。约瑟芬美丽聪慧、优雅迷人，在拿破仑数十年的征战中曾给予他太多的寄托和安慰。在一篇有幸流传下来的经典情书中，拿破仑曾热情地写道："希望不久我将把你紧紧搂在怀中，吻你亿万次，像在赤道上那样炽烈地吻。"他们的爱情是真挚甜蜜的，但遗憾的是，约瑟芬不能生育，无法带给他一个继承人。

为了帝国的未来，为了雄图霸业，拿破仑已经准备牺牲他所爱的女人。他对约瑟芬说："政治不讲感情，只讲头脑。"1809 年 12 月 15 日，这对共同生活了 14 年的夫妻宣布离婚。

没想到重新单身的拿破仑还是碰了一鼻子灰。亚历山大的母亲认为拿破仑是位暴君，不愿意把女儿嫁给他。4 个月后，拿破仑只好娶了奥地利皇帝的女儿玛丽·路易丝。玛丽于翌年为他生下了他最想要的儿子——弗朗索瓦·约瑟夫。

拿破仑的良苦用心并未给他带来多少回报。法俄联盟只维持了三年。经济困难的俄国不得不恢复了与法国的敌人——英格兰的贸易往来。对于把友情看得高于一切的拿破仑来说，他尝到了被人背叛的滋味。他愤怒，咬牙切齿。

拿破仑面临着选择。他依然需要俄国这个盟友。一次关键的胜利或许可以迫使俄国重新回到谈判桌上来，使联盟重生。那么，是否该对亚历山大发动战争呢？俄国还从来没有被征服过。拿破仑能成功吗？

无奈的进攻

拿破仑没有犹豫。他已经习惯了以一次次的胜利来继续他的统治。他的众敌国曾不下5次地联合起来对抗他，都被他打败了。所以，与俄罗斯一战是必然的。

1812年5月，拿破仑以其特有的旺盛精力，拟订了进攻方案，并神奇地征募了50万士兵，其中只有一半是法国人。这是当时世界上最庞大的军队之一。与此同时，他还准备好了进攻俄国所需的物资：2800万瓶葡萄酒，200万瓶白兰地，足够他的士兵吃7个星期的玉米和小麦——7个星期是他打败亚历山大所需要的时间。在拿破仑的计划中，秋季到来之前战争就会结束，亚历山大很快就会向他祈求和平。

出发之前，拿破仑豪迈地说道："我们将看到谁先倒下！是用俄国来养活军队的我，还是用他自己的国家维持军队的亚历山大。这只是一个时间问题。"

1812 年 6 月 24 日，拿破仑发动了对俄国的进攻。50 万大军通过了俄国与波兰交界的尼曼河，涌进了广袤的俄罗斯平原。但是在茫茫平原上，拿破仑和他的部队却找不到俄国军队。原来，兵分两路的俄国军队避开了拿破仑的大军，采用了诱敌深入的战略。法军突破俄国边界时，俄军第一军的司令巴克利·德特伊将军正向东退却，与俄国第二军的统帅巴格拉季翁王子会合。

拿破仑急切地想打一场决定性战役。他率部奋起追击，不知不觉中已被引入了俄国腹地。拿破仑从未想过会走这么远。4 个星期的行军之后，他的军队已经远离边界线 200 英里了。物资供给越来越少，出兵时那股高昂的士气也委顿下来，雄鹰变成了秃鹰，战士变成了兵匪。一位士兵回忆道："我们身后留下的是空空的小屋、荒芜的旷野和稀疏的森林。这是战争，尤其是这么多人发动的战争酿成的苦酒。"

没错，俄军在战略退却的时候，对放弃的地区实行了坚壁清野的政策，沿途村庄被悉数烧毁，什么都没给法军留下。拿破仑的士兵只能露宿荒野，战马在风吹雨淋中一匹匹倒下。向莫斯科前进的每一步都在削弱法国军队的力量。在 7 个星期的行军之后，极度劳累已夺走了 10 万法国士兵的生命。又由于沿途留下了许多士兵保护供应线，拿破仑的军队现在只剩下了 15.6 万人。

此时，俄军已在斯摩棱斯克会师，准备同精疲力竭的法军决一死战。不过虽然是主动撤退，他们也同样精疲力竭，并且军队人数只有 10 万。会战开始，双方都有些勉强，然而战斗却进行得异常激烈，一直持续了三天。结果哪一方都没有占上风，哪一方都不能宣布胜利。

最后，胆怯的俄国士兵向东部逃跑了，他们在撤退时仍不忘销毁一切有用之物，整座整座的村庄被夷为平地。他们想用断绝粮食供给的方法将法国人赶出俄国。

拿破仑变得越来越焦虑、沮丧。如果继续追赶俄军，他的军队将面临更大的危险；如果撤军返回巴黎，就和失败没什么区别。这境地真可谓是进退两难。法军现在离莫斯科只有两周的行程，如果攻下俄国首都，也许亚历山大就不得不求和了。

拿破仑决定继续前进。

法军一步步向莫斯科逼近，亚历山大坐不住了。他早早地从莫斯科撤到了圣彼得堡。此时，他背负着巨大的压力。俄军的战略撤退使士兵的士气受到了严重影响，国民也是怨声载道。他急需一位强硬的领军人物来确保军队坚持下来，保卫莫斯科。于是他解除了巴克利·德特伊的职位，起用了库图佐夫将军为全军的统帅。

库图佐夫是一位 67 岁的精明老将。他迅速停止了军队的撤退，激励俄国士兵坚持抗敌。另一方面，他继续实行坚壁清野的策略，消耗和迟滞法军，为自己争取时间进行战略整顿。最后，他选择莫斯科城外 70 英里远的波罗底诺村作为莫斯科保卫战的主要战场。

这正是拿破仑期待已久的战斗。他一直急于和俄军主力进行面对面的决战，好一举将其击败。他对自己和部下士兵仍旧充满自信。让他心情陡然转好的还有一件事，那就是后方适时地给他送来了新生的儿子的画像，这给了他极大的鼓舞。拿破仑曾指着儿子的画像向侍卫夸耀道："如果我的儿子有 15 岁，他一定会亲自到这里来！"

1812 年 9 月 7 日，拿破仑坐在波罗底诺的高地上眺望战场。他的将军们已经就位，他的 13 万精兵将对抗俄国的 12 万士兵。在这个决定欧洲命运的时刻，他能做的只是观望和等待。

早晨 6 点整，法国军队率先向俄国士兵开火。但是令拿破仑惊讶的是，俄国军队以同样猛烈的火力予以还击。法军的每一次冲锋都被凶猛的俄国军队所击退。枪炮声持续了整整一天。一位士兵回忆道："一刻不停的刺耳的枪声，周围垂死的战友的叫喊声，这一切形成了一种可怕的记忆，深入我的骨髓。"

夜幕降临时，枪炮声才慢慢减弱。被战争蹂躏的草原上布满了士兵的尸体和残肢断臂。波罗底诺成了人间地狱。

拿破仑事后说道："这是我打过的最糟糕的一仗。我在法国士兵身上看到了志在必得，也在俄国士兵身上看到了勇猛善战。"

波罗底诺一战使法国军队损失惨重，3 万多士兵和 3.5 万多匹军马战死沙场。虽然最后法军攻占了波罗底诺，但这并不是拿破仑所期待的大获全胜。事实上，双方的损失一样大。

那天深夜，拿破仑听到了俄军再次撤退的消息，莫斯科成了不设防的城市。三个月的艰苦行军之后，拿破仑离莫斯科只有 75 英里了。拿破仑唯一的选择就是占据莫斯科，等待亚历山大求和。

残酷的退兵之路

1812 年 9 月 14 日，拿破仑和他的军队到达莫斯科城外。克里姆林宫的金色圆顶在他的眼前闪闪发光。但是没有民众问候伟大的皇帝，没有人前来献上开城的钥匙，也没有亚历山大求和的话语。惊恐的莫斯科市民早已纷纷逃散，他得到的几乎是一座空城。拿破仑既生气，又失望。

他接管了俄国沙皇坚固而华丽的克里姆林宫，给亚历山大发去了一条讲和的信息，然后安顿下来，等待回音。

这天晚上，拿破仑被卫士的叫喊声惊醒。他发现，莫斯科已陷入熊熊烈火之中。原来俄军在撤退之前打开了所有监狱的大门，并唆使逃窜出来的犯人用火药点燃了整个莫斯科。那一夜，天空、大地、房屋……似乎一切都在燃烧。俄国人摧毁了他们自己的首都，使之变成一片火海。几天之内，大半个莫斯科被烧成焦土。

拿破仑惊呆了。他想不到俄国人竟然做得如此决绝。更想不到的是，他等待着沙皇亚历山大向自己提出和平的祈求，但沙皇却不予理睬。

拿破仑等得越来越焦急，随后又不止一次向圣彼得堡发出了签订和约的提议，却始终没有回音。一种不祥的感觉袭上他的心头。此前，拿破仑一直以为他和亚历山大依然能够成为盟友，但是现在，他开始感到怀疑了。

亚历山大并不想讲和。他知道俄国的严冬很快就会歼灭法国士兵，甚至比俄国士兵做得更有效；而圣彼得堡和莫斯科之间遥远的距离，会保障他的安全。现在他所需要的，只是耐心的等待。

俄国寒冬的脚步一天天地逼近了。

10 月 13 日，莫斯科城遭遇了第一场大雪。拿破仑知道他不能再等亚历山大来投降了。他曾经冲动地想行军到圣彼得堡，但是被他的将军劝阻了，圣彼得堡离莫斯科太远了。他自己心里其实也明白。

不能再守株待兔了，他得马上离开莫斯科。

于是，在占据莫斯科仅仅 5 周之后，拿破仑被迫在没有达成和平协议的情况下放弃了莫斯科，全军撤退回法国。

虽然车上堆满了各种战利品和供应物，但撤退的法国部队并没有胜利的喜悦。严寒令法军士兵都缩着身子，士气低落，步履缓慢。

起初拿破仑朝着比较温暖的西南部行进。但是在法国占领莫斯科的 5 周时间里，库图佐夫已完成了反击拿破仑的战略部署。俄军在中途埋伏了重兵。在马洛雅罗斯拉维茨，双方又展开一场恶战，马洛雅罗斯拉维茨先后易手 8 次。10 月 24 日，俄军终于把法军彻底击败，把他们赶回了波罗底诺。

走在波罗底诺的路上，法军脚下到处都是一个月前战死的血肉模糊的士兵尸体。士兵们沉默着，在这片饱受战争蹂躏的土地上缓慢地撤退着，冒着冰凉的雨水，一个个饥肠辘辘。微薄的供应品根本无法满足全军的需求。

无情的大雪降临了。法国士兵对严寒完全没有准备，没有厚实的衣服，也没有保暖的靴子。随着气温降到 −30℃，他们的四肢逐渐失去知觉，倒下，再爬起来，继续蹒跚前行……一些人裸露的脚趾从破鞋子里露出来，刚开始是紫色的，然后冻成蓝黑色，最后变成了黑色。冻僵的士兵们开始一个接一个地倒下。

亚历山大的机会来了。下决心要报复的俄国军队时不时发起骚扰性进攻，令法军防不胜防，不堪其苦。

俄国的冬天埋没了拿破仑回家的道路，路面上都是坚冰。拿破仑的军队在彻骨的寒风和深厚的积雪中挣扎着向前，他们离巴黎还有 1500 多英里。

到后来，他们把枪拆了、扔了，这样枪就不会落到俄国人的手里。从莫斯科抢来的战利品也被扔在沟里。幸存下来的几匹瘦马被饥饿难耐的士兵开枪打死，分着吃了。当他们徒劳地企图靠一无所有的乡村活命时，许多士兵走散了，各自逃命去了。这一路上法军的损失令人震惊。当他们好不容易于 11 月下旬走近贝尔齐纳河时，这支曾经最为强大的欧洲军队只剩下 4.9 万人。

更为残酷的是，亚历山大的军队此时正张开了捕熊的罗网等待着法军。贝尔齐纳河上的桥已被炸毁，俄军计划在此切断拿破仑的退路，将其残部彻底歼灭。

俄国士兵已经开始纷纷议论起拿破仑的面貌长相了，他们相信他很快就会被俘。

等待拿破仑的是300码宽的急流和向他们围困而至的大量俄军。看着他的士兵衣衫褴褛、垂头丧气，惶惶如丧家之犬一般，拿破仑的心像河水般冰凉。命运似乎将他推入了绝境。

拿破仑烧了所有个人文件，以防不测。这些文件记录着他曾经的辉煌，现在却一页页地在火光中化为灰烬。往昔的峥嵘岁月在他心中翻腾，他的手颤抖了。突然，一股激情又在他心中熊熊燃起。不，不能就这样结束！拿破仑告诉自己，他是法兰西皇帝，他不会倒下！镇定下来之后，拿破仑迅速做出了决断，他要在贝尔齐纳河上造起大桥，拯救他的军队！

这是一个大胆的计划，行动要在敌人的眼皮底下进行，敌人不会轻易让他得逞。但拿破仑很快就有了对策。为了迷惑俄军，他选派了一些最英勇的士兵沿河前进，造成了一种要绕道而行的假象。

然后，他令400多名士兵悄悄去拆毁附近的房屋，让他们扛着拆下来的木头在冰冷的河水中搭桥。所有士兵都很尽力，因为他们都清楚这是他们唯一的机会。他们在河水中连夜挣扎着、忙碌着，竟然真的就在河面上造起了两座大桥！

24小时后，精疲力竭的法国士兵终于看到希望，开始列队过河。

俄国人很快发现了自己的失误，开始围歼法军，并以猛烈的炮火轰击河面上的两座新桥。好不容易建起的新桥随时有被炸毁的可能。法军的纪律一下子涣散了，士兵们开始疯狂地你拥我挤，抢着过河。大桥在一片凄厉的叫喊声中散架了，数千人被冰冷的河水淹没。后来的几周内，贝尔齐纳河中到处都是冻僵了的尸体。

但是，2.5 万名法国士兵得救了。幸存者落荒而逃。俄国军队放弃了追赶。拿破仑也成功地渡过了贝尔齐纳河，逃出了俄国的陷阱。

神话破灭

虽然侥幸从俄国脱身，但拿破仑的麻烦并没有结束。巴黎传来了帝国发生兵变的消息。无暇多想，拿破仑便离开部队，匆匆踏上了 900 英里的归国路。他必须在法军惨败的消息在欧洲传开之前赶回巴黎。

被他遗弃的部队，则还需要 4 个月的时间才能从俄国回到法国。

虽然拿破仑回到巴黎后很轻易地控制了局势，但兵败俄国的事实还是给他的威信造成了沉重的打击。拿破仑的远征不但没有打败俄国，反而让法军的军力及士气严重受损，使得拿破仑失去了最能征善战而又坚定忠诚的部队，种下了日后失败的种子。他错误地认为他能够征服俄国，法国为他的这一观点付出了惨痛的代价。后来拿破仑也承认 :“我被骗了，我也骗了我自己。”

对俄战争的惨败是拿破仑王朝崩溃的开始。无敌的神话破灭了。他那统一欧洲，缔造一个辉煌帝国的梦想也被摧毁了。欧洲没有按照他的意志而改变。

拿破仑曾经的“朋友”——沙皇亚历山大——与英国再次联手对法国发起攻击。同时，法国在俄国的失败也鼓舞了普鲁士、瑞典和奥地利等欧洲其他国家，他们也加入俄国和英国的阵营中，聚成了第六次反法联盟。新的联盟明显加强了合作性和目标的一致性，他们最终击垮了拿破仑帝国。

1815 年的滑铁卢战役彻底终结了拿破仑。他被流放到远离欧洲的南大西洋的圣赫勒拿岛，从此再也没有见到过他的家人和祖国。1821 年，拿破仑在孤独中离开了这个世界。

第十二章

寻找特洛伊

施里曼执着地去寻找真相，寻找英雄和财富。

“我的使命已经完成了！”经过几年的挖掘，施里曼大获成功。

特洛伊的确存在过，赫克托耳、阿喀琉斯、奥德修斯和阿伽门农等英雄确实在地球上生活过。

人类历史远比神学家们推断的要久远得多，也惊心动魄得多。

施里曼的寻宝之梦

古代世界充满了神话传说。然而，很少有故事能像“特洛伊战争”那样传奇，那样气势恢宏、跌宕激越，令人心荡神摇！公元前 8 世纪，希腊诗人荷马写下了两大史诗：《伊利亚特》（又译《伊利昂记》）与《奥德赛》。《伊利亚特》所讲述的就是特洛伊战争的始末：特洛伊的王子帕里斯在众神的挑唆下，拐走了世界上最美丽的女人——斯巴达国王的妻子海伦；希腊联合大军出动千条大船围困特洛伊达 10 年之久，而特洛伊国王普里阿摩斯奋力捍卫他的国家，亦守城达 10 年之久；最伟大的勇士阿喀琉斯战胜特洛伊王子赫克托耳；一小队希腊士兵隐藏在巨大的木马里而最终占领了特洛伊，夺回了海伦，而特洛伊则在人神合力之下毁于烈火和屠杀……这部鸿篇巨制记述的是神话中的英雄，也是关于英雄的神话。

在数千年漫长的岁月中，《伊利亚特》与《奥德赛》代代流传，被视为人类文学的初期经典之作，但特洛伊和特洛伊战争从不曾被人看作是真实的。直到 19 世纪，人们仍然这样认为。

当时的历史学家只能将古希腊文明追溯到公元前 8 世纪。而在那之前，学者们认为，爱琴海周围的土地只居住着零星的、贫困的、不识字的农民，根本就不可能存在过《荷马史诗》中的繁华城市和掌管着大权的国王。普里阿摩斯国王的黄金宝藏和英雄的故事，都不过是那位令人尊敬的盲眼诗人的想象。

但是，一个世纪前，曾有一个人自孩童时听父亲读了《伊利亚特》之后，就从未怀疑过特洛伊战争曾在 3000 年前发生过。对他来说，这些宏伟的战争绝非神话。长大成人之后，他执着地去寻找真相，寻找英雄和财富。他就是德国人海因里希·施里曼。他和特洛伊的故事后来成为考古学中的一个传奇，故事的内容同样激动人心！

1868 年，施里曼在当时奥斯曼帝国西北部的特洛伊大平原上开始实现他的特洛伊之梦。在他能够掘下第一锹土之前，施里曼用了半生时间来做相关的准备工作。施里曼的寻宝之梦让他付出昂贵的代价——疟疾、寒冷、炎热、疲惫，还将花掉他的大量财富。

施里曼的父亲曾是德国梅克伦堡附近的一名牧师，后来为一个女人失去了职位。于是，施里曼在 14 岁的时候被迫辍学，成为一个杂货商的助手。20 岁时，他想去美国开辟新生活。但轮船半路遇险，将他放在了阿姆斯特丹。

施里曼在阿姆斯特丹显示出惊人的毅力。他意识到自己拥有语言天赋，只是没钱去上学。于是，他开始了自学。1842 年，施里曼开始学习英语和法语，然后又自学了荷兰语、西班牙语、意大利语、葡萄牙语、俄语、瑞典语、波兰语、拉丁语和阿拉伯语。他的学习方法就是朗读大量的文章并记住它们。由于请不起教师，他就到不同的教堂参加礼拜，一边听着各国的牧师传道，一边一个词一个词地跟牧师学着说，最后把它们都记住。几年后，施里曼掌握了 22 种语言。

没有什么能够阻挡他前进的道路。他说："天赋仅仅意味着精力和毅力！"

在学习多种语言的同时，他在一家贸易公司找到了工作。由于会讲俄语，他被派往圣彼得堡。很快，一心发财致富的施里曼从工作中发现了机会。他发现印度有一种叫靛蓝的天然蓝色染料极具商业潜力。于是他极力帮公司垄断了靛蓝市场，并很快创建了自己的公司。24 岁时，施里曼已经相当富有了。他并不愿人们把他看作一位商业天才。他告诉人们，这一切得归功于他的整洁、克制、努力工作和自我牺牲精神。

1851 年，施里曼又抓住了另一个机会——他去了加利福尼亚新发现的金矿区，那里有从世界各地涌来的数以万计的淘金者。然而，施里曼并不打算成为一个淘金者。

施里曼在萨克拉曼多矿区开了一家店，每天从淘金者那里收购数量可观的黄金。这里的人们对于黄金的痴迷令人发疯。他给自己的家人写信抱怨说，这里的一切都建立在欺诈的基础上，除了欺诈还是欺诈。此外，施里曼还要时时面临歹徒抢劫的危险。尽管如此，施里曼还是在半年内成功收购了价值 100 多万美元的黄金，这批黄金让他大发了一笔。

1854 年，俄国与英法两国在克里米亚拉开了战幕。施里曼又抓住这个机会，通过走私军火使他的财富增加了三倍。

施里曼有相当精明的头脑，也很善于冒险。然而，他也有马失前蹄的时候。这位“钻石王老五”在 1852 年娶了圣彼得堡的伊卡特琳娜·莱师娜，但是他并没有得到这位女士的爱。他在商务旅途中给伊卡特琳娜写信道：“唉！可怕的现实目前离我的期望是多么遥远啊！你并不爱我，对与我有关的一切漠不关心！”

因为婚姻不幸，施里曼在外面经商的时间变得越来越长。这也使他所得到的回报越来越多。当他步入不惑之年时，已经聚敛了足够的财富，可以去实现童年的梦想。

施里曼儿时，父亲朗读的《伊利亚特》带给他无穷的想象和快乐。在小施里曼心中，那些英雄、宝藏都曾经存在过，特洛伊的一切都是真实的。长大之后，施里曼将梦想深埋心底，但从未忘却。现在他的特洛伊之梦开始呼唤他。荷马笔下雄伟的城墙、英雄们的战场和普里阿摩斯国王的黄金宝藏，令施里曼魂牵梦绕。

伟大的财富和荣誉需要有人来发现。施里曼坚信此人非他莫属。

寻找的灵感

荷马笔下的英雄事迹令施里曼对古代世界产生了浓厚兴趣。19 世纪 60 年代，施里曼前往文明古国埃及、中国游历，随后又去了日本。1868 年，他参观了拥有 2000 年历史的罗马遗址，角斗士曾在那里的竞技场中厮杀；他去了庞贝古城，这座古城居民全部死于维苏威火山大喷发；他还访问了西方文明的发源地希腊，并对德尔菲神庙惊叹不已。

最后，他来到了自孩提时代就一直梦想的地方。1868 年 8 月 13 日，46 岁的施里曼终于站在了位于奥斯曼帝国西北部的特洛伊大平原上。

这片令他向往已久的土地使他激动不已。虽然他看到的只是一片阡陌纵横的荒野，但他知道，特洛伊古城就在附近的某个地方。施里曼手捧《荷马史诗》，按着书中的描述一步步地对照着、找寻着，没有荒野中奔走的疲惫，只有心中狂野的兴奋。

斯卡曼德尔河已干涸的河床是施里曼寻找遗址的主要线索，荷马的诗中说它流经特洛伊城。而且，施里曼假定斯卡曼德尔河床附近陡峭的布那巴奇山就是特洛伊城。根据《伊利亚特》的有关描述，希腊英雄阿喀琉斯在沿着城墙追杀特洛伊的勇士——王子赫克托耳——的激战中，曾经绕城三次，那么追杀就应该发生在山脚下。施里曼尝试着像两位古代英雄般地围着山猛跑了起来，结果他花了两个小时才跑完一圈。两位英雄果真相互追杀了6个小时吗？这似乎不大可能。

施里曼放弃了布那巴奇山，特洛伊更可能在别处。

寻找了几个星期之后，施里曼来到斯卡曼德尔河的洪泛区南部寻找特洛伊。他沿河岸向北走了10英里，然后到达了另一座大山——希萨里克山，它在当地语言中的意思是“要塞”。

来到希萨里克山跟前，施里曼变得兴奋起来。这里与荷马的描述十分吻合——山下的平原和丘陵以及不远处的海岸线，让他仿佛看到了希腊舰队、营地和集团军，双方军队来回行进，征战沙场……《伊利亚特》上所记载的大事不断浮现在他的眼前。“没错，就是这里！”施里曼激动地大叫起来，“山顶就是古城遗址！”施里曼不再疑惑，他相信这里一定就是特洛伊！

他要向全世界证明这一点。

但施里曼没有即刻采取行动。为了达到目的，他一向善于克制自己。施里曼感到自己首先需要学习考古学，于是他毅然在1868年秋天前往巴黎学习。他就读于巴黎大学，并住进了他在巴黎的众多房子中的一套。

施里曼夜以继日地学习着。他接受新知识的速度很快，并写出了一本描述自己近年来旅行见闻的书，他还因这本书获得了博士学位。与此同时，施里曼在暗暗制订着挖掘特洛伊的计划。他预感到自己正在从事的事业将令举世震惊，这是一项能够扩大人类视野的伟大发现。

施里曼在巴黎的时候，查尔斯·罗伯特·达尔文已证明地球上的每一个物种都是数百万年进化的产物。但是，像牛津大主教这样的虔诚基督徒一直对《圣经》中的说法深信不疑，相信人类的历史不超过6000年。如果施里曼真能够发现特洛伊，那么他将证明，人类的历史的的确确另有版本。施里曼也将证明，自己虽然曾是个卖杂货的小男孩，但却比那些受过传统教育的贵族子弟更了解人类历史。

在做这样的证明之前，施里曼还需要一位伴侣来共同接受挑战。1869年，他终于与他的俄国妻子离了婚，并于两个月后娶了希腊姑娘索菲娅·英卡斯。当时他是如此醉心于古希腊文化和历史，以至于认为只有希腊女人才适合于他。他说他想要的女人“必须对荷马充满热情”，于是他的朋友——一名希腊大主教，便为他找到了这位新娘。当时索菲娅只有17岁，结婚时两人才相识19天。

施里曼坚信这将是一次成功的婚姻。索菲娅将是他寻找特洛伊的灵感——她就是他的海伦！

挖掘特洛伊遗址

1870 年，施里曼带着他的希腊妻子再次来到奥斯曼帝国，开始他的发现之旅。

要在希萨里克山挖掘特洛伊遗址，需要获得奥斯曼帝国政府的允许。但施里曼在没有获得准许的情况下就开始挖掘了，而且试图买下这块地。结果他得到的是：奥斯曼帝国政府勒令他立即停止非法挖掘。

最后，经过几个月的艰苦谈判，施里曼终于被允许挖掘了。不过，奥斯曼帝国政府强迫他许诺：如果发现对皇家博物馆有意义的古代宝物，宝物的一半将归皇家博物馆所有……

挖掘再次开始的时候已是 10 月份，夏天行将结束，白昼越来越短。在很简陋的条件下，施里曼开始了挖掘工作：最初只有 8 个工人，几个装土的篮子和少量的手推车。而令施里曼最恼火的是，他不得不给一个他不需要的人支付工资。奥斯曼帝国政府硬塞给他一个名叫乔治乌斯·萨克斯的监工，以检查任何出土物品。他成了站在施里曼与其财富梦想之间的又一障碍。

这些困难其实还不算最大的，希萨里克这座山给施里曼造成的困难是最大的。在奥斯曼帝国政府禁止他擅自挖掘之前，施里曼就已经在山顶挖出了一段石墙，这石墙有 6 英尺厚，建筑得牢固极了。起初他兴奋地认为，这就是荷马在史诗中描写的特洛伊城墙。但随后他就意识到，这座山其实是由无数个世纪中的一座座古城堆积而成的。它就像千层饼一样，一层又一层，每一层都代表着一个城市——一个在前一个废墟基础上建造的城市。施里曼在山顶看到的应是一座有着 2000 年历史的希腊古城遗址。而特洛伊起码应比它还要早 1000 年，所以施里曼认为特洛伊应该在山的底层。他对上面几层的城市遗址不太感兴趣，他只想要特洛伊，荷马笔下的真正的特洛伊。

然而，该如何移走这座山呢？施里曼可没有耐心将这座 50 英尺高的小山从上向下一层一层地发掘。他需要发明一种考古挖掘的新方法。最后他决定开掘一条 30 英尺深的垂直通道。

这项工作既繁重又危险，而且通道内壁经常发生崩塌。施里曼不得不一批一批地增加人手，支使他们一铲一铲地把大量泥土和石头掏出来，然后在通道的内壁支上木板……挖掘工作就这样一直持续到 1871 年。

令人遗憾的是，在他大刀阔斧向底层鲁莽地发掘时，施里曼无情地破坏掉了这座遗址上面几层具有考古实证价值的地层！施里曼对此的解释是“我的目的是掘出特洛伊，我估计它是较低地层遗址中的一个，我不得不破坏并放弃较上面的地层中许多有趣的遗址”。作为一名学过考古的专家，他的做法和说法都难以令人相信。

30 英尺深的垂直通道完工之后，施里曼在遗址下面只找到了一些被鉴定为石器时代的遗物。失望在他的脸上显现出来：这里肯定不是特洛伊，他的发现令他费解。

施里曼对这样的结果感到越来越困惑。他在日记中写道："我已失去了寻找特洛伊的全部希望。"施里曼是在白白浪费时间和金钱吗？他的财产足够他快乐逍遥一生，但他却在野外挣扎。

时间又过了大半年，令人沮丧的挖掘工作仍无大的进展。这时候温湿的天气使热病在挖掘队伍中迅速蔓延。他向人们发放奎宁药，给拉车的牛马打泥罨剂，但他自己也病倒了，挖掘工作不得不缓慢下来。幸好这期间有索菲娅在。她悉心地照料他，并把《伊利亚特》牢记在心，不断鼓励着施里曼。

病愈之后，施里曼决定改变挖掘的方向。他在遗址的另一处又开挖了一条垂直通道。几天之内，金属物件就开始不断出土，这又唤起了施里曼的希望，因为他从荷马作品中得知特洛伊战争的英雄们都有宝剑、长矛和战车。

如今，即使是发现诸如钉子、门闩或者刀刃之类的小金属物品，也会令施里曼欢欣鼓舞。他充满了期待。

随着工程的进展，一些金属器皿和陶罐陆续出土，特别是一种带有枭（猫头鹰）图像的罐子，令他备感兴奋。枭是献给希腊女神雅典娜的祭物，所以它一定与雅典娜有着某种联系。施里曼甚至认为枭是特洛伊的保护神。

1872 年春天，施里曼返回工地。他让人们每天早上 5 点就开始艰苦而危险的发掘工作。这时候，他雇用的工人已多达 120 人。他扩大挖掘规模，在遗址上开凿了一条贯穿整个遗址的 80 码长、50 码宽的壕沟，这条壕沟每天都在往下进展。

施里曼当时和工人们一起每天工作 14 个小时。当信奉基督教的工人在周日离开的时候，他会让信奉伊斯兰教的工人接替他们继续干。他渴望发现特洛伊的心情已经到了疯狂程度！其实他一直都很疯狂。

施里曼对待工人和对待自己一样严苛。他要求所雇用的工人都必须尽心尽力地工作。有一件事是他所不能容忍的，那就是吸烟。施里曼认为吸烟分散了人们的注意力，也常常是工人们偷懒的借口，所以他禁止吸烟。当工人们抗议时，施里曼会毫不犹豫地开除他们，然后又去别的村庄雇人。施里曼有自己的原则。

当时，全世界的人都在注视着施里曼。他定期向英国和德国的报纸报告工作进度。人人都想知道：他会找到普里阿摩斯国王的特洛伊吗？他会找到宝藏吗？

8 月初，施里曼在向下挖掘 40 多英尺之后，发现了极有规律的石基，他认为这是城堡的墙基。他立即宣布他找到了高塔，即荷马所描述的赫克托耳的妻子站在上面观看平原战争的高塔。

但施里曼的希望再次破灭。他们只挖出了两堵平行的墙，这显然不是荷马所描述的特洛伊。又一次，施里曼判断失误。而这时天气愈加恶劣。施里曼只能等到第二年再继续他的搜寻之旅。

找回失落的世界

1873 年 1 月，施里曼迫不及待地开始了他在希萨里克山第三年的挖掘工作。

此时特洛伊平原上仍是天寒地冻。枭声使他心烦意乱，寒风从他棚屋的木墙缝中潜入，吹裂了他和妻子的脸颊。施里曼太性急了，其实这种时候什么事也做不了，天气冷到即使壁炉里有火，他们的洗脸水也会冻结。更为危险的是，有一次施里曼在清晨 3 点被惊醒，发现棚屋着火了。后来他写道："我和妻子死里逃生，险些成为焦炭。"

但挖掘成果也在鼓励他继续前进。到 7 月份，他们发现了一条铺砌的石路。施里曼确信这条路将通往斯坎伊恩门——特洛伊的主要入口，那里有《伊利亚特》中所描述的许多景点。当他继续挖掘到斜坡顶部时，他终于发现了自己正在寻找的目标——大石门的地基。

在确信已找到特洛伊之后，施里曼开始疯狂地挖掘这扇门的北面，并在那里发现了另一幢建筑的地基。荷马在史诗中说，普里阿摩斯国王及其 50 个儿子和他们的妻子曾生活在一座金碧辉煌的宫殿中。施里曼认为这就是普里阿摩斯宫殿。

荷马还说这座宫殿里有一个装着大量金银财宝的储藏室。这是能够给他所有的付出带来回报的最有价值的目标。那么，施里曼能否找到这个储藏室呢？

1873 年 5 月 31 日，当施里曼在沿着普里阿摩斯宫殿的一侧壕沟挖掘时，他的心跳突然加快了。他从沙土中看到了一道金光。没错，确定无疑的金光。做过黄金生意的施里曼对金子的光泽相当敏感，他绝不会看错。他深吸一口气，努力压制着自己狂跳的心，装作若无其事地掏出了口袋里的哨子吹了起来。尽管不是早饭时间，他却叫大家停下来休息。挖掘现场只留下他和他的妻子。

施里曼确信他已找到了普里阿摩斯宝藏。工人们一离开，施里曼就拼命挖开了，此时他已顾不得头顶摇摇欲坠随时可能砸下来的石砖。大量黄金饰物一个紧挨一个在他的手扒铲挖下出土了。从出土的情形看，好像它们之前是放在木箱里，而木箱随后又腐烂掉了。

施里曼后来在回忆录中写道："要是没有我的爱妻帮助，我是不可能把宝藏带走的。是她把这些东西包在自己的围巾里，然后将它们带走的。"这并不是事实。据后世学者考证，其实在这关键的一天，索菲娅并没有出现在挖掘现场。施里曼只是不愿将爱妻排除在自己的成功之外，所以他在这一点上撒了谎。不过这倒是更增添了一些传奇色彩。

随后，施里曼又在最初的发现地点旁边发掘出了大量的珍品——有银的、铜的、镀金的；有的是杯子，有的是瓶子，有的是盘子……现在，施里曼要避开奥斯曼当局将所有宝藏偷运出境。

施里曼准备把珍宝藏在附近一个朋友的农场里。他还写了一封信：“我受到了严密监视；想必对我不满的那个土耳其看守会来搜查我的房子，所以我冒昧请您帮我保管6个篮子和1个盒子。请您把它们锁起来，千万不要让土耳其人知道。”

随后，施里曼将宝藏从奥斯曼偷运到了希腊。在希腊雅典的家中，他向全世界宣布：他已找到普里阿摩斯国王的宝藏，共8000多件。其中最珍贵的是一件纯金饰物，施里曼把它称作“海伦金冕”。不过，现在它成了“索菲娅金冕”。施里曼很快就把索菲娅戴着金冕的照片四处散发。

施里曼大获成功的新闻和照片迅速传遍全世界，他已成了名副其实的世界名人。他给朋友写信道：“我的使命已经完成了！”施里曼的使命就是找回那个失落的世界，证明特洛伊的确存在过，赫克托耳、阿喀琉斯、奥德修斯和阿伽门农等英雄确实在地球上生活过。人类历史远比神学家们推断的要久远得多，也惊心动魄得多。

施里曼的发现是古希腊文明兴起之前数世纪就存在过另一个文明的首例确切证据。如今，这种文化被称为迈锡尼文化。迈锡尼文化从大约公元前1600—前1050年，一直主宰着爱琴海地区。公元前14—前13世纪，在迈锡尼人的全盛时期，他们居住和往来贸易的足迹遍及希腊、克里特、爱琴海诸岛、土耳其沿岸，以及意大利南部。

事实上，施里曼一开始就找对了特洛伊的地理位置。但仓促之间，他挖的通道穿过特洛伊城，到达了史前最早的地层上。而他后来的所有的重大发现，包括高塔、铺砌石路、斯坎伊恩门、普里阿摩斯宫殿及宝藏本身的年代，都比荷马记载的特洛伊战争的日期可能早上 1000 多年。

面对巨大的成功，施里曼和公众已不再介意时间的早晚。在别人犹豫不决时，他捷足先登。

从施里曼开始，遥远的过去将不再由学者和诗人述说，而是由喜欢冒险的新生代考古学家来诠释。

第十三章

祖鲁人的战争

颇有喜剧效果的加冕典礼，令他们的“友谊”达到了顶峰，但他还是被骗了……

祖鲁人悲壮的胜利之后不久，抵抗白人统治的军事力量就被彻底瓦解了。欧洲人在非洲汇集的力量越来越强大，土著黑人再也没有能力组织起有效的军事武装加以反抗了。

在此后的 100 多年中，南非黑人失去了土地控制权，同时也失去了命运自主权。

真假友谊

这是一次奇特的加冕典礼。烈日下，南非原野上一群只在腰间系着一块粗布或兽皮的黑人男女又唱又跳。大批武士手持长矛和牛皮盾牌整齐地列成方阵，他们有节奏地击打着手中的兵器，并伴以阵阵欢呼，显得声势浩大而热烈。这时，几个英国士兵敲着腰鼓，跟着一位传教士从远处走来，从黑人武士的队列中穿过。几个英国士兵都穿着 19 世纪那种典型的红黑相配的军服，而那位传教士则一身黑色燕尾服，头戴高檐礼帽。只见传教士走到那群黑人中央，一番装腔作势的声明之后，他说他代表英国女王，宣布这里的一位黑人首领为大英帝国承认的祖鲁人的国王。祖鲁人从每一位首领居住的圆形茅屋的门楣上各抽取出一棵芦苇，然后编织成一个草环，那就是所谓王冠，祖鲁人把它叫作“英卡塔”。“英卡塔”是祖鲁人团结和统一的象征。其后，衣冠楚楚的传教士和这位国王以及国王那些袒胸露乳的妃子在国王的住地合了影，在历史上留下了一张黑人与白人和平相处、合作无间的证明。

然而，所谓的和平与合作，不过是英国人的一种招安伎俩。1879年，强大的祖鲁王国将被拖进一场残酷的生死大战。

祖鲁人是南非原住民班图人的一支，居住在南非东北部广袤的丛林和原野间。18世纪末和19世纪初，祖鲁人建立起强大的祖鲁帝国。但是他们的王国是欧洲白人在南非极力拓展的情况下诞生的，这就注定了这个王国的未来将不可避免地与那些欧洲定居者发生冲突。

自1652年，荷兰人在南非建立了第一个白人定居点开普敦后，欧洲定居者们在开普敦和周边地区已生活了200年。1806年，荷兰人的后裔布尔人被迫将这里的管理权交给了英国人。随后英国定居者不断涌入，英国人势力也不断扩大。不堪英国人统治和逼迫的布尔人只得大规模北迁。然而布尔人北迁的历史，也就是对南非东北部原住民祖鲁人掠夺的历史。更加阴险的是，英国人跟在布尔人后面，也在不断向北开拓，蚕食着用于耕种的土地。这就使得布尔人如同狼群，在被猎人不断驱赶的同时，又在不断侵扰着弱者。

19世纪初，又有一大批移民从英格兰来到这里。1820年春天，卫理公会教派传教士威廉·舍普斯顿携带家眷到达南非，在开普敦东北500英里的地方建立了家园。这个家庭的到来改变了整个非洲历史的进程。

不容否认，他们是为了一个开辟新生活的美好理想来到这里的。他们不辞辛劳地工作。他们自己种植粮食，自己织布，表现出顽强的开拓精神。对他们的孩子来说，非洲之行更无异于一次奇妙的探险。这里远离寒冷潮湿的英格兰，有陌生的语言，还有奇特的动物。舍普斯顿的儿子西奥菲勒斯很快就把非洲当作了自己的家。

在舍普斯顿一家往北 300 英里的地方，一群祖鲁王国的少年正在看护着牧群，其中有一个男孩名叫凯什瓦奥。这个黑人少年并不是一般人，他是为躲避祖鲁国王的报复而藏身于此的皇室王子。

凯什瓦奥的母亲曾经给他讲述了一个故事，故事的主人公是祖鲁王国的第一任国王、出色的军事领袖莎卡。莎卡年仅 12 岁就建立了一支令整个南非都为之胆寒的军队。随着年龄的增长，他的军队竟强大到有 10 万之众，莎卡就以这支大军把 3000 多个分散部落约 50 万人统一起来，建立起了祖鲁王国，英国人称其为祖鲁帝国或祖鲁兰。然而，后来，处于事业巅峰的莎卡却被同父异母的兄弟丁哥暗杀了。

凯什瓦奥的父亲穆潘达也是王位的竞争者。这就是凯什瓦奥和他的母亲到处搬家、四处躲藏的原因。

1840 年 1 月，在 700 名布尔武士的支援下，穆潘达打败并杀死了丁哥，继任国王。已经长大成人的凯什瓦奥终于可以安全地离开这里，去和父亲一起生活了。

穆潘达统治的祖鲁王国实际上是建立在部落首领联盟的基础上的。他知道这种首领与首领之间的同盟也许并不可靠，他沿袭了莎卡的传统，召集起所有 14 岁以上的少年，组编成了庞大的国家卫队。这支军队对国王而不是他们的首领绝对效忠。

凯什瓦奥也加入了这支军队。后来，这支军队帮助穆潘达打赢了他与兄弟们之间的艰苦内战。凯什瓦奥也在战斗中成为一个极有威信的将帅。24 岁时，他的权势已无人能及。

然而，在内忧外患中成长起来的凯什瓦奥随后发现，父亲穆潘达虽然当上了国王，但却受制于布尔人，甚至被迫将大片祖鲁人的领地割让给布尔人，任由其建立了“纳塔共和国”。而祖鲁王国只剩下纳塔最北部的有限土地。凯什瓦奥还发现，那些欧洲白人定居者越来越多，对土地的需求也在增大，他们在蚕食祖鲁王国的土地。与此同时，白人定居者和非洲黑人农夫间的贸易也在发展。一些祖鲁人还在为他们充当仆人或劳工。

在凯什瓦奥的记忆里，祖鲁人与那些欧洲定居者之间的武装冲突从来就没有停止过。他深知这样的争斗直接决定着谁将真正成为南部非洲未来的主人。

1843 年，布尔人的纳塔共和国又被英国人吞并。一群新来的英国定居者开始涌入祖鲁人的领地。英国人于是取代了布尔人，成为祖鲁人最直接的威胁和对手，他们之间武装冲突的数量也急剧上升。

此时的西奥菲勒斯·舍普斯顿已是一名负责传教的年轻男子，他被卷入了这场纷争。起因是英国官方发现，舍普斯顿所掌握了解的非洲语言风俗对于调解冲突、促成和平非常重要。英国人希望舍普斯顿能缓和随时可能爆发冲突的局势。具体的任务就是尽可能地平息祖鲁人的仇恨和恐惧。同时，还得劝说他们到极度缺乏劳工的英国农场和制糖厂工作。

于是乎，10 年来，他就一直生活、工作在非洲王国和欧洲定居者之间。他先是充当翻译，后来又做了法官。然后他成了众所周知的有实际经验的行政官员，并得到了祖鲁人的一个尊称——“白人神父”。

舍普斯顿与凯什瓦奥会面了。为了巩固自己的地位，凯什瓦奥决定支持这个英国人。而舍普斯顿也希望能得到凯什瓦奥的帮助，因为定居者与祖鲁人的关系日趋紧张，令他的工作更加艰难。

凯什瓦奥请求舍普斯顿不要支持他的竞争对手，而承认他是王位的合法继承人。舍普斯顿对此正求之不得，这意味着双方可以达成合作。一个是聪明的未来国王，一个是耐心的英国协商者，他们竟然不谋而合。凯什瓦奥一开始还倍加小心，但后来他逐渐信任了舍普斯顿，把他当作朋友。

1872 年，祖鲁国王穆潘达驾崩，祖鲁国陷入了一片悲恸。有段时间，一些地方首领要与凯什瓦奥争夺王位，但是支持他的力量太强大了。在英国人的支持下，40 岁的凯什瓦奥登基成为祖鲁国王。

舍普斯顿来向这位新国王表达由衷的敬意，并上演了本文开头的那场颇有喜剧效果的加冕典礼。这个仪式令他们的关系达到了顶峰，一切都在悄然改变。

悲壮的获胜

成为祖鲁国王后，凯什瓦奥立下雄心，要成为同先王莎卡一样强悍有力的统治者。他亲眼看到，这个王国在欧洲定居者们面前正一步步走向衰弱。他渴望恢复祖鲁王国应有的光荣。所以，为了潜心发展国力，他一直尽可能地同英国人保持和平友好的关系。然而令他不快的是，那些欧洲定居者在南非大地上的拓展行为愈来愈张狂。

1867 年，欧洲定居者在开普敦以北的金伯莱地区发现了一个盛产钻石的矿藏。随后，在更北部的德兰士瓦省又找到了金矿。贪婪的英国人决心全力控制这些新的财富。1877 年 1 月，舍普斯顿在伦敦的直接命令下在德兰士瓦省设立总部，并单方面宣称那里是英国殖民地。紧接着，英国人又将目光盯上了祖鲁王国。

在南非，黑人与白人的势力均衡被迅速改变，在这场新的游戏中，舍普斯顿将背叛凯什瓦奥对他的信任。舍普斯顿并未将他们之间的合作看作友谊，他认为这个国王只是一枚关键的棋子而已。

1877年，祖鲁人和英国人就纳塔边界的归属爆发了一场激烈的争执，凯什瓦奥拒绝做出任何让步。

舍普斯顿恼羞成怒并倡导对祖鲁人开战。他不断给驻开普敦的英国总督写信，催促他们采取军事行动。

开普敦的英国总督也早有吞并祖鲁王国的野心。接到舍普斯顿的信后，他便下令军队进入战备状态。至1878年年中，英军已装备完毕。其中，英国第24步兵团的士兵们还满怀信心地在照相机前合影留念——他们是这支队伍中的精英。他们的士气非常高涨，期盼着能轻松地取得胜利。

英军的实力让舍普斯顿表现得更是信心十足。他不失时机地以纳塔与祖鲁的边界冲突为借口，针对祖鲁王国起草了一份最后通牒。

在最后通牒中，他要求凯什瓦奥立即解散政府，把祖鲁王国变成一个整体的军队体系。显然，这个条件是任何一个国家都绝不会答应的。英国人只想达到控制祖鲁王国的目的，没有道理可讲。

祖鲁人得到的最后期限是，20天内表示同意，否则就将遭到战争。

凯什瓦奥感觉遭到了背叛，他迅速发回一份答复，说“我不会发动战争，只有在遭到攻击时我才会去战斗。我不愿与英国人发生任何争执”。然而，英国人并不在乎他愿不愿意。事实很清楚，英国人就是要把简单的边界纠纷升级为全面战争。

凯什瓦奥不再信任舍普斯顿以及其他英国人，他下令准备战争。王国未来的命运完全依靠凯什瓦奥从莎卡和父辈那里学到的战略战术。

但是，他那些手持细长木柄标枪、牛皮盾牌的武士和口中念念有词的巫师，怎是拥有火枪火炮的英国人的对手？凯什瓦奥对此没有信心。

祖鲁军队很少携带供给，他们在战场上难以维持很长时间。因此，国王把赌注押在尽早取得决定性胜利的基础上，好迫使舍普斯顿以及其他英国人重新谈判。

1879 年 1 月 11 日，最后期限终于到了。英国军队由切尔姆斯弗德勋爵率领向祖鲁人发动了蓄谋已久的战争。英国军队的主力纵队一共包括 5000 名士兵和 1500 头牛，其中就包括英国第 24 步兵团那 1000 多名摩拳擦掌的士兵。

然而，英国军队的行进非常缓慢。切尔姆斯弗德勋爵不知祖鲁人的主力位于何方。为了找到他们，他派出了流动哨去四处打探消息。而祖鲁人正在丛林的背后观察着英军的一举一动，等待时机。凯什瓦奥精心设计了一场欺诈与反欺诈的战争游戏，他在等待机会以自己的方式与英军决战。

最后，英军人马来到了一座被称为伊山多瓦纳的大山下，并在它的背阴处安营扎寨。10 多天缓慢的推进，已经严重消磨了军队的士气。这些英国士兵中有很多都是雇佣兵，所受的训练不多，也很少尝过在荒郊野外行军的艰辛。因此，有个士兵在他的日记中写下了这样的话：“我真后悔那天拿了钱。自从离开开普敦后我就没睡过床，我们只有一条毯子，每天都在外面淋雨过夜，没有遮蔽物。”

切尔姆斯弗德勋爵对眼前的景况也相当恼火。这么多天以来连个敌人的影子也没见着，这对于习惯面对面决战的他来说，简直是不可忍受的愚弄。切尔姆斯弗德勋爵 52 岁，他讲礼貌，有胆量，是一位 19 世纪标准的英国将军，但不幸的是，他根本不是一个能干的将军。懊恼中，他将英军大队人马分成了两部分，一部分向东继续前进，去寻找祖鲁军队主力；另一部分则留驻原地休整。这一决定使英国人付出了惨重的代价。

留驻在伊山多瓦纳山下的部队大概有 1600 人，第 24 步兵团也在其中。这些驻扎的士兵几乎不做任何防御准备，他们的营帐松散地驻扎在山脚下的平原地带，在外围的帐篷排成了一条长线。营帐里的英军士兵也非常放松。他们中有许多人参加过非洲的其他战役，对打败祖鲁人充满信心。然而他们不知道，凯什瓦奥在离他们不到 4 英里的地方驻扎着两万军队，正趁着夜色向他们悄悄包围过来。

1 月 22 日正午时分，一个英军骑兵在巡逻时偶然发现了祖鲁军队。他狂奔着回到了自己的阵营通风报信。祖鲁军队正好尾随而来，向英军发起了进攻。

祖鲁军队采用的是屡试不爽的标准军事编队：“前胸和两个犄角”，即从正面和两翼进行三面夹击。事实上英军处于被完全包围的境地，因为他们身后即是大山，他们已无路可退。

战斗还没开始，许多英军士兵就吓得尿湿了裤子。那是他们从来没有见过的场景，只见漫山遍野都是祖鲁人，他们杀声震天的呐喊让英军士兵吓破了胆。惊恐的英军士兵陷入慌乱中，他们匆匆拿起火枪，等不及列队，更等不及军官发号施令便纷纷射击。而祖鲁人则手持长矛和盾牌，排成密集队形，冒着炮火和弹雨，不顾一切地向前冲。

英军的火枪比起祖鲁人的长矛毕竟占有绝对优势。这也是他们第一次在战场上使用新式的玛迪尼·亨利步枪，这种枪射程更远，装填子弹更方便快捷。英军的射击使祖鲁军队伤亡惨重。

有些祖鲁人手中也有步枪，但是他们没有接受过枪械训练，基本上发挥不了什么作用。他们只有在近距离的肉搏战中才有机会杀伤敌人。祖鲁人一批批地倒下，但他们的冲锋势头仍旧没有减弱，前仆后继，无所畏惧。

几分钟后，英军的新步枪因为过热而无法射击。随后，他们的弹药也打光了。祖鲁军队终于可以轻易地向前推进。下午 1 点 30 分时，英军中的纳塔志愿军开始仓皇逃跑，这使祖鲁军队能够冲破英军阵线进入营地，战役取得了关键性的突破，仿佛决堤的洪水，祖鲁人涌进军营。这时候，英军士兵只有在肉搏战中进行最后的殊死抵抗。但从数量上讲，祖鲁人占据了绝对优势。

就在英军营地被彻底摧毁前的最后几分钟，可怕的黑暗笼罩了大地，月亮绕到太阳的前面遮住了太阳，日食发生了。一名祖鲁士兵还记得当时的情形，“战争还在继续，太阳忽然变黑了。我们冲进弥漫着浓烟和烈焰的帐篷。那些英军士兵已经人数不多，他们还在拼命地抵抗。他们就在战斗的地方，一个个像石头一样倒了下去”。

一些士兵试图突破祖鲁人的包围向山下的布法罗河河岸边冲去，但同样遭到了祖鲁军队无情的追杀，鲜血染红了河水。侥幸逃出去的詹姆士·布雷克希尔后来写道：“我永远也忘不了那次拼命的飞奔，当时已经无路可逃，路上到处散落着祖鲁人和我们丢弃的盾牌、长矛、毯子、帽子、枪、弹药袋，还有那些我根本顾不上看一眼的同伴的尸体……”

从这一天起，这个地方就被更名为“亡命滩”。

在不到三个小时的时间里，世界上第一流的皇家军队受到了一支原始武装的重创和羞辱。营地的大部分英军士兵不是被俘就是被杀。最终，只有 8 个人得以生还。对英国人来说，这是他们殖民历史上最令人震惊的军事失败之一。

战场上尸横遍野。两个月前还在照相机前充满信心和骄傲的英国第 24 步兵团的全体士兵，如今几乎全部阵亡。

获胜的祖鲁军队也付出了死亡 3000 人的高昂代价。凯什瓦奥用“长矛穿心”来形容在伊山多瓦纳一战中失去这么多年轻勇士的痛楚。

别具讽刺意味的是，舍普斯顿的儿子乔治也在战役中丧生。

痛失祖鲁兰

英国人低估了对手的作战技能和决心，为自己的傲慢和无理付出了代价。伊山多瓦纳战役成了祖鲁人历史上最为著名的一场胜利。

不过，凯什瓦奥拥有强大独立的祖鲁兰王国的梦想却很快被粉碎。胜利后，凯什瓦奥幻想通过谈判谋求和平，但事与愿违。英国拒绝任何谈判，而是大规模地增加了援军，配备了更多的火枪火炮，准备再次发起进攻。

舍普斯顿、欧洲定居者和英国总督正寻机复仇。

到了第二年，也就是 1880 年，英国派出了一支 7000 人的部队将祖鲁人击溃，俘虏了凯什瓦奥并把他押解到开普敦。

一个想重建祖鲁王国昔日辉煌的国王却遭遇了被人羞辱的结局。然而，有些事他似乎仍然不能明白。他不明白与英帝国的一次小小的边界之争，怎么就导致了祖鲁王国的毁灭呢？他在给开普敦殖民地总督的信中写道："我从来没有错待过你，所以我认为，你侵略我的国家一定是另有原因。”那么是什么原因呢？他至死也没能想明白。

随后，凯什瓦奥被带往伦敦晋见英国女王。当时英国上下对这场战争都感到非常震惊。它使英军损兵折将数千人，耗资500万英镑，甚至导致了国内政局动荡。保守党的政府成为众矢之的，被迫让位于自由党。自由党公开承认对祖鲁人的战争是“我国历史上最骇人听闻的战争之一”。凯什瓦奥的到来受到了英国上下的广泛关注。他西装革履，引人注目，无论走到哪里，都吸引着关注他的人群。

凯什瓦奥以为这种关注是出于同情，以为英国当局最终会还给他那顶芦苇编织的王冠，然而他错了。

1883年，他终于回到了祖鲁兰——那个英国人西奥菲勒斯·舍普斯顿正式授予他王位的地方。但如今他的王国已被划分成13个首领管辖区。第二年，他就因心情抑郁而死去。

祖鲁兰最后于1887年被正式并入纳塔殖民地。

英军在伊山多瓦纳的惨败导致了西奥菲勒斯·舍普斯顿事业的终结。使命结束后，他也要退休了。儿子的死使他极度悲伤，他开始为自己的养老金与伦敦方面争论不休。

祖鲁人与英军的战斗成了非洲历史进程中的一大转折点。正是从这个时候起，抵抗白人统治的军事力量被彻底瓦解了。欧洲人在非洲汇集的力量越来越强大，土著黑人再也没有能力组织起有效的军事武装加以反抗了。在此后的100年中，南非黑人失去了土地控制权，同时也失去了命运自主权。

第十四章

萨拉热窝事件

机会来了，卡夫里·普林西波掏出手枪果断地射出了决定历史的两颗子弹。

双方开战意味着整个欧洲开战。第一次世界大战的帷幕就此全面拉开。

金色的碑铭写着“在这个具有历史意义的地点，卡夫里·普林西波在 1914 年 6 月的圣维斯特日鸣响了自由的枪声”。

战争危险一触即发

1910 年 5 月，英王爱德华七世的葬礼震动了世界。英国人把它办成了当时最大的一次世界性聚会。身穿军服的皇帝、国王以及来自 70 个国家的首脑聚集伦敦，个个都彬彬有礼、从容祥和。人们从这次聚会看到当时的欧洲还是一片平和，这没错。但知情人知道这时的欧洲已经蕴藏着巨大的危机。

实际上，这些首脑赶来参加的不是英国皇室的葬礼，而是一次炫耀军事武力的聚会。每一个大国都在观察形势。

英国、法国和俄国出于保护它们辽阔帝国的需要结成联盟。而夹在它们中间被陆地包围的德国和奥匈帝国则结成盟友，与它们抗衡。这样欧洲大地上就有了两个互相对立、互相牵制的军事同盟集团，它们是套在欧洲人颈上的绞索，正越勒越紧。

各国开始重新装备战舰，而且战舰的吨位、级别以及数量越来越惊人。军队也由几十年前的 20 万增长到几百万。欧洲展开了第一次军备竞赛。到1914年，这种竞赛达到了一触即发的程度。

统治欧洲的梦想给这种形势火上浇油。

在过去的66年里，年迈的弗兰茨·约瑟夫国王统治着他的奥匈帝国。他已经84岁了，他的大部分臣民都生活在他的统治期内。从掌管维也纳朝廷开始，他每天清晨4点钟就从钢铁制成的军用床上起身。但勤奋并不是他治国的根基，他仰仗纯粹的权威维持着这个腐朽国家的统一。

许多年以前，约瑟夫的儿子自杀了。其后，他任命侄子弗兰茨·斐迪南大公为帝国继承人。斐迪南生性率直，从不掩饰自己的欲望和霸气。他讨厌维也纳，他更愿意生活在布拉格乡下神话般的康诺皮斯特堡里。这里远离维也纳那些沉闷的礼仪。他曾经邀请许多重要的客人来城堡享受田园风光。

1914年2月初，斐迪南穿上饰有羽毛的华丽传统服饰，来迎接欧洲最有影响的人物之一——德国的威廉皇帝。

德国皇帝威廉对德国与奥匈帝国之间的联盟寄予厚望。他当时希望能与这位王位继承人发展两国之间更进一步的友谊。他看出斐迪南和自己一样，都有一颗躁动不安、跃跃欲试的野心。他们在康诺皮斯特堡进行了长时间且友好的政治讨论。这些讨论将影响到欧洲的未来走向。在威廉结束访问时，斐迪南已经肯定德国支持他们反对塞尔维亚。

在康诺皮斯特堡，斐迪南和威廉像兄弟一样亲密无间。除了一起讨论他们心中那远大的理想外，他们最常从事的活动是打猎。

斐迪南是一个狂热的猎手。他曾经射杀了5000只牡鹿和野猪。在一天之内，他就能猎杀 2000 只鸟以及欧洲森林的其他野物。

几千只战利品被制成标本，整齐地陈列在城堡中那长长的走廊两侧。从中走过，就如同走进了标本的森林，让人不得不感叹这个城堡的主人那超乎寻常的旺盛精力。非但如此，斐迪南在许多方面也都有着狂热的嗜好，他既是猎手，也是一位收藏家。他收藏最多的就是那些五花八门的中世纪武器。从金光闪闪的铠甲到纯银铸就的羽箭，从查理大帝的贴身宝剑，到十字军东征时使用的盾牌，那难以计数的藏品骄傲地向客人透露出他的征服梦想。

不过，康诺皮斯特堡虽然杀气凝重，但却是非常安全隐蔽的。能够影响斐迪南平静生活的危机远在千里之外。尽管平生没有经历过一次真正的战火，但他清楚他的敌人潜伏在哪里。

塞尔维亚位于奥匈帝国的南面，它是令奥匈帝国大伤脑筋的眼中钉。塞尔维亚一直期望能将巴尔干半岛所有的斯拉夫族人统一起来，建立强大的斯拉夫帝国。这场民族运动在暗暗地动摇奥匈帝国治下的 700 万斯拉夫民众。1908 年，奥匈帝国趁巴尔干民族纷争之机吞并了由塞尔维亚管辖的周边省份——波斯尼亚－黑塞哥维那。这引起了巨大的反响。统一进程受到阻挠的塞尔维亚，从此与奥匈帝国成了针锋相对的死敌。

奥匈帝国一直想打击塞尔维亚，但塞尔维亚的背后却立着一个庞然大物般的俄国。俄国一向自命为“斯拉夫人的兄弟”，是塞尔维亚的传统盟友。奥匈帝国忌惮塞尔维亚背后的支持者，故一直未敢轻举妄动。

作为未来的奥匈帝国皇帝，斐迪南深知塞尔维亚问题必须得到妥善解决，否则帝国将陷入动荡。从其个性来说，毫无疑问他倾向于采取更强硬的措施，他也的确公开表示过这种看法。

1914 年 6 月，斐迪南计划亲自视察一次重要的帝国军事演习。这次演习在波斯尼亚 – 黑塞哥维那的首府萨拉热窝举行。他将以武装力量总检察长的身份去这个不安宁的省份视察。他想通过这次视察进一步强调奥匈帝国对这一地区的统治，同时也通过军事演习威慑塞尔维亚。

塞尔维亚很清楚敌对的奥匈帝国对自己的威胁，它能坐视不理吗？

走向死亡

在塞尔维亚以及欧洲的前哨——波斯尼亚－黑塞哥维那，一个秘密的地下组织成立了，这就是黑手党（此黑手党不是意大利的黑手党，亦称黑手组织）。

黑手党是受塞尔维亚部分军官支持的一个民族运动的激进组织。它从在校学生和贫穷的农民中招募人手，要求这些年轻成员具有极端的献身精神。这个组织的宗旨是：通过暴力恐怖活动，从奥匈帝国的铁骑下解放受压迫的斯拉夫同胞，进一步促进“大塞尔维亚”国家的统一。

奥匈大公斐迪南是黑手党刺杀的主要目标之一。

当黑手党听说斐迪南要来萨拉热窝的消息后，他们开始了刺杀这位奥匈大公的准备。在大山的深处，五六个黑手党成员每天在一位小胡子老兵的教练下进行射击训练，枪声赶跑了林间的飞禽走兽，但也将带来塞尔维亚的毁灭。

在这些杀手中，尼德耶科·卡夫里诺维奇和卡夫里·普林西波是好朋友。像许多新成员一样，他们贫穷、年轻而又勇于献身。他们把此次行动看作除掉最大敌人的机会。

斐迪南并没有意识到他将成为被刺杀的目标。他的叔叔奥匈皇帝弗兰茨·约瑟夫在4年前曾访问过这个省，当时他处于严密的保护之下。他知道危险的存在，他警告侄子提防暗中射来的子弹，但大大咧咧的斐迪南并没有放在心上。约瑟夫皇帝见侄子不以为意，压抑不住厌恶地看了他一眼，便不再多说什么。他并没有阻止他前往，只是在临行前对他淡淡地说了一句："好吧，做你想做的事吧。"

他们之间的怨恨，全因为一个女人。

索菲亚是少有的美人，斐迪南深深地爱着她。不过，索菲亚的出身却最多只能算得上低等贵族，事实上，她只是一位宫廷侍女。当弗兰茨·约瑟夫发现斐迪南在向一位身份低微的女士求婚时，他警告斐迪南，只能从爱人与江山中选择其一。

斐迪南坚决表示要二者兼得。经过几个月的协商，弗兰茨·约瑟夫无奈地同意了这桩婚事，但条件是索菲亚不能享有任何头衔，他们的孩子也无权继承皇位。

这是一个妥协的结果，双方其实都很不满，为此结怨很深。

斐迪南与索菲亚结婚后生了三个孩子：小索菲亚、迈克斯米兰和厄恩斯特。他是深爱索菲亚的，他曾说"迎娶索菲亚是我做过的最合意的事情"。但索菲亚和他们的孩子在皇室中仍然受到歧视，皇宫的大门在他们通过时只能开半扇。这时常令斐迪南懊恼。

不过，令斐迪南感到安慰的是，索菲亚深深地爱着他。当她听说斐迪南要去萨拉热窝视察军事演习时，她坚决要求陪同丈夫前往。

在出发的前几天，斐迪南和索菲亚又一次在康诺皮斯特堡接待了德国威廉皇帝的访问。索菲亚对威廉皇帝颇有好感。他和索菲亚的那些奥地利皇室亲属不同，他把她当作皇族看待。威廉皇帝曾好心地提醒他们小心，因为塞尔维亚痛恨奥匈帝国。威廉的提醒让索菲亚开始担心。她非常清楚作为王位继承人的斐迪南所代表的意义，她为斐迪南的安危担忧。但不管前面有多大的危险，她都会守在丈夫的身边。他们把孩子留在了康诺皮斯特堡。

当他们准备动身前往萨拉热窝时，暗杀者也做好了行刺的准备。

一个月前，黑手党的年轻暗杀者普林西波、卡夫里诺维奇和另外一个年轻人躲开告密者和警察，设法偷渡到了萨拉热窝。他们携带着从贝尔格莱德弄来的手枪、炸弹和剧毒氰化物。他们从街道上悬挂的各色装饰物和广告牌上获知了皇室夫妇的访问路线，斐迪南和他的妻子将乘坐一辆敞篷汽车穿过萨拉热窝的街道。于是他们规定了每个杀手的位置：普林西波站在席勒商店门口，卡夫里诺维奇站在阿佩尔·科瑞大街的一座桥边。中间的路线由二人负责。

在波斯尼亚－黑塞哥维那多民族的首府——萨拉热窝，众多人正在为迎接奥匈大公及其妻子的到来做着精心的准备工作。老百姓从邻近的克罗地亚和塞尔维亚蜂拥进入市中心，大家都想一睹皇室夫妇的风采。暗杀者则混在这些人中。

皇室夫妇的安全问题由波斯尼亚的长官波提莱克将军负责。他是个自负的人，为了显示自己完全有能力维护好地方秩序，他将几千名赶来保护的皇家士兵禁止在城外，保护工作只由城内一小部分警察负责。他断定不会有什么危险。

1914 年 6 月 25 日，斐迪南和索菲亚入住萨拉热窝郊区的波斯尼亚大酒店。索菲亚将对萨拉热窝的孤儿院、学校和教堂进行为期两天的正式访问。与此同时，斐迪南视察了在省会西南部山区举行的皇家军事演习。

2.2 万名将士参加了军事演习。由波斯尼亚第十五军团追击克罗地亚第十六军团，波提莱克将军负责总体指挥。两天后，斐迪南对看到的一切表示满意。

27 日，他给约瑟夫皇帝发去一封电报："军队的状况、他们的训练以及他们的表演都好极了。我明天将访问萨拉热窝，傍晚动身离开。"

斐迪南相信他会在萨拉热窝受到热烈的欢迎。

喋血街头

6月28日早晨，斐迪南和索菲亚从下榻的酒店出发，前往萨拉热窝市内。这是一个阳光灿烂的星期天，这一天也是斐迪南大公和他的妻子索菲亚结婚14周年纪念日。斐迪南相信这次访问能给在奥地利遭受冷落的妻子一个补偿，让她享受一下由她的地位带来的尊重。

对于萨拉热窝的塞尔维亚人来说，28日却并不是一个吉祥的日子。525年前的这一天，奥斯曼土耳其人征服了斯拉夫人，并将其统治一直延续至20世纪初。在长达500多年的时光里，塞尔维亚和其他斯拉夫人一直生活在外族的统治之下，他们早已怨愤满怀。而今天，在这个仇恨和耻辱的纪念日里，新的统治者又来耀武扬威了。

皇家汽车队原定沿着米尔加科河旁边的阿佩尔·科瑞大街向前行驶，到达市政厅。在那里，市长将代表市民举行正式的欢迎仪式。

6名暗杀者分别站在马路两侧的人群中，等待下手的机会。

他们站在各自的预定位置，非常紧张。他们知道无论行动是否成功，他们都要付出生命的代价。在行动前，为了死后能留下一点纪念，卡夫里诺维奇专门拍了一张照片：他左手拿着一张塞尔维亚民族主义者的传单，表情坚定。此刻，他抿着嘴唇，右手捂在上衣右边口袋里。他手里握着的是一枚炸弹，他的手心里全是汗。

斐迪南夫妇的车队开过来了，他们微笑着坐在豪华的敞篷车里，频频向街道两边围观的人群挥手致意。10点一刻，车队驶上库莫加大桥。旁边，卡夫里诺维奇鼓起勇气采取了行动。他看准他们的敞篷车，用尽全力将炸弹扔了出去。

“轰”的一声爆炸，震惊了在场的所有人。但也许是因为太紧张了，卡夫里诺维奇扔出的炸弹没有炸中目标。人们在硝烟散尽之后发现，斐迪南和索菲亚夫妇毫发无损，倒是他们前边的一辆车上的两位官员和索菲亚的侍女受了伤。受到惊吓的斐迪南和索菲亚夫妇的车在混乱中加快了速度，很快驱车驶离爆炸现场，赶往市政厅。

卡夫里诺维奇被防卫警察发现了。无路可逃的他只好跳进河中，试图游水逃生。但没想到那河水非常浅，甚至不及膝盖。面对前后左右逼近的警察，他毅然吞下了早已备好的自杀毒药。然而，氰化物似乎没有奏效，卡夫里诺维奇在半昏迷中被拖走。

斐迪南夫妇则慌慌张张地到达了市政厅。

这时候市长大人还不知道这一路上发生了什么，仍然很夸张地对他们的到来表示热烈的欢迎：“殿下屈尊光临我市，如此亲切的访问令我和全体市民备感荣幸。”

斐迪南怒不可遏：“市长，你这话是什么意思？我来到萨拉热窝进行访问，却有人向我扔炸弹，真是放肆！”那位市长听了之后大惊失色，半天才缓过神来。

市政厅的欢迎仪式不欢而散。斐迪南坚持去医院看望受伤的人。一位副官建议等军队赶来清理街道后，大公再离开。地方长官波提莱克将军却认为军队没有穿上军装，这对大公是一种冒犯。在发生炸弹袭击后，他仍然认为群众中是没有危险人物的。于是他们决定改变已经宣布的行进路线，避开那些狭窄的街道，沿着阿佩尔·科瑞大街直接行驶。斐迪南本想派人直接把他的妻子送回波斯尼亚大酒店，但索菲亚却拒绝了。她说：“只要我的丈夫今天在公众场合出现，我就不会离开他。”

“好吧，亲爱的。”斐迪南深情地望着妻子说，“既然一切都过去了，就没什么可怕的了。”

上午 10 点 45 分，斐迪南夫妇的车队驶往医院。领头的汽车避开阿佩尔·科瑞大街转进斯基勒商店前的约瑟夫大街——没有人告诉司机原定计划已改变。斐迪南和索菲亚的汽车紧跟在后面。波提莱克将军发现司机走错了之后，向司机大喊着，要他继续沿科瑞大街前进，但司机没有听见。

卡夫里·普林西波此时正在这条街边徘徊。他本以为没有希望了，但现在下手的机会来了。他掏出手枪果断地射出了决定历史的两颗子弹。

两颗子弹分别击中了要害。斐迪南和索菲亚双双中枪倒在敞篷车里。一颗子弹击中斐迪南大公的脖颈。他临终前对他妻子说的话是：

“索菲亚，要为我们的孩子活下去。”然而他的妻子由于胸部中枪，已先于他死去。奥匈帝国的王位继承人在他深爱的女人死去 10 分钟之后，也离开了人世。这场遭到皇帝反对的婚姻最终以悲剧告终。

普林西波被警察逮捕。

英雄？灾难的导火索？

弗兰茨·约瑟夫皇帝在听到斐迪南的死讯后，并没有对侄子的死亡表示多大的反应。当这对皇室夫妇的尸体被送回维也纳，他没有为侄子举行国葬，也没有调查为什么对他的继承者缺乏保护。他甚至在谋杀发生的几天后，对地方长官波提莱克给予了赞扬。

他在 1908 年吞并波斯尼亚－黑塞哥维那时，好像已经预见到这场悲剧。这正是彻底征服塞尔维亚的极好借口。

一个月后，约瑟夫向塞尔维亚发出了最后通牒。奥匈帝国提出的条件是极为苛刻的，他们的目的就是让塞尔维亚人拒绝接受，使之成为开战的理由。此时的欧洲前途未卜。

事实上，塞尔维亚曾经委屈地同意了奥匈帝国提出的条件。但奥匈帝国已铁了心要开战，根本不理会任何协商的建议。在 7 月 28 日的 24 小时内，弗兰茨·约瑟夫皇帝向塞尔维亚宣战。

俄国沙皇尼古拉二世闻听此讯勃然大怒。作为塞尔维亚人的支持者，他不允许奥匈帝国要挟塞尔维亚。他很快采取了行动，就在同一天，俄国开始调遣军队来抗击奥匈军队。

德国皇帝威廉不愿意阻止奥匈帝国，他要求俄国解除军队的调遣。当沙皇拒绝之后，他带领军队向沙皇宣战。

德国和奥匈帝国与俄国当时势不两立，一场战争在所难免。然而，这还远不是全部。因为俄国与英国、法国是协约国，德国与奥匈帝国还有意大利是同盟国。所以，双方开战意味着整个欧洲开战。

8 月 3 日，德国为占据先机，率先向俄国的同盟者法国宣战。

第二天，德国悍然发兵中立国比利时。曾发誓要保护比利时的英国立即以此为借口对德宣战。到 8 月 4 日午夜，大规模的战争全面爆发。第一次世界大战的帷幕就此全面拉开。

在欧洲中部一个偏远的城市中，斐迪南和索菲亚的死亡引发了一系列无法控制的事件。他们是第一次世界大战中 1200 万死者的先驱。在随后 4 年半的全面战争中，先后有 33 个国家卷入了这场血腥厮杀。欧洲失去了整整一代最优秀的人，几乎每一个家庭、每一个人，都尝到了失去亲人和朋友的痛苦。到战争结束时，世界已经变得面目全非：奥匈帝国土崩瓦解；俄国被 10 月革命埋葬；德国投降，并受到了战胜国近乎残酷的惩罚；法国则成了一片废墟。欧洲的格局变了，世界的格局也变了；许多国王和王后退出了历史舞台，包括约瑟夫和威廉。

在刺杀事件发生后的几年中，塞尔维亚有数万人死于战争。他们没能看到祖国与波斯尼亚和克罗地亚联合成一个新的国家——南斯拉夫。

1914 年 10 月，来自黑手党的 6 名刺客在萨拉热窝接受审判和定罪。这一事件给他们自身和战火不断的欧洲带来了可怕的后果，但他们没有人表示后悔，对他们来说，这种牺牲至高无上。这些暗杀者大部分人都死于监狱。

卡夫里·普林西波也在 1918 年死于监牢中。两年后他的遗体被运回萨拉热窝，在那里他被尊奉为民族英雄。在他曾射出致命一枪的斯基勒商店门外，竖立着一座纪念碑，金色的碑铭写着“在这个具有历史意义的地点，卡夫里·普林西波在 1914 年 6 月的圣维斯特日鸣响了自由的枪声”。

第十五章

情人节屠杀案

情人节屠杀案和13年的禁酒时期向美国人民证明，道德和社会行为不能通过法律来约束。禁酒时期，人们处于压抑状态下，贫困的处境、不公正的经济秩序和混乱的社会生活使美国黑帮掌握了他们的权力，他们将继续控制这个国家。

一个犯罪帝国的诞生

1929 年 2 月 14 日，情人节。这是 2 月份一个湿冷的上午。芝加哥市警察局的托马斯·洛夫特斯警官对这个情人节并没什么感觉，因为对他来说，他早已过了那个年纪。他在执行一项任务。11 点 15 分，他接到消息，说在北克拉克大街的一个车库里，可能有几个人在打架中受伤，于是他前去查看。

天还阴着，街面上也都是雨水。所谓的北克拉克大街，其实是个挺偏僻冷清的街道，那个车库的所在地也很不起眼。洛夫特斯警官走近的时候，听到几声狗叫，但从门外看并没觉得有什么异常，不过他还是警惕地拔出了手枪。

车库的大门虚掩着。推开门，一股血腥味扑面而来，然后洛夫特斯警官就被他所看到的一切震惊了。“哦，上帝！”老警官脸上的肌肉抽搐起来，“这真是太恐怖了！”在幽暗的车库内，他看到的是好几具尸体横七竖八地倒在血泊中，他们每个人的身上都被子弹打得像蜂窝一样，血迹溅得到处都是。一只德国牧羊犬被铁链拴着，在一旁狂吠不已，血已经流到了它的爪下……这只名叫“狂奔”的德国牧羊犬见证了芝加哥历史上最血腥的惨案——情人节屠杀案。

惨案的背景得从10年前说起。

1919年2月，一位被酒鬼丈夫伤害的家庭妇女的诉讼案，引发了美国全社会的禁酒浪潮。在美国的几百座大小城市里，那些支持禁酒的群众每夜都聚集起来，发表抵抗饮酒的激烈言论。

各种妇女戒酒组织是这次声势浩大的运动最强硬的支持者，其中不乏相当激进的知名人士。

新上任的美国总统沃伦·哈定面临越来越大的压力，因为妇女已经赢得了选举权，她们希望利用自己的选举权促使禁酒法得以实施。令世界震惊的是，她们成功了。哈定总统不得不出台法令禁止出售和消费酒精饮品。

1920年2月29日，美国宪法第18号修正案，或者说是禁酒修正法案，即众所周知的沃尔斯特禁酒法案开始实施。一夜之间，美国变成了一个没有酒的国家，无论出售、生产还是运输酒都是非法的……

就在这一年，一个左脸有着可怕刀疤的年轻人从纽约来到了芝加哥。他就是后来最为臭名昭著的黑帮暴徒之一，人称“疤面煞星”的阿尔·卡蓬。

阿尔·卡蓬生于1899年，在纽约布鲁克林一个贫穷的意大利移民区长大。因为他侮辱了一个女孩，女孩的哥哥用刀在他脸上留下了伤痕，他于是获得了“疤面煞星”的绰号。

1920 年，在卡蓬 21 岁生日的前一天，他口袋里装着 40 美元，只身来到了芝加哥。从一开始，卡蓬就野心勃勃，他看出自己能在芝加哥闯出一番天地。因为这个时候正是美国因禁酒事件而陷入一片混乱的时候。

举杯狂饮的好时光随着酒被倾入下水道而一去不返，曾经生产数百万加仑酒的酿酒厂和蒸馏室顷刻间空空如也，美国价值 10 亿美元的酿酒工业被迫停产……

尽管实施了禁酒令，20 世纪 20 年代初期的美国还算比较繁荣。第一次世界大战后的和平带来了财富和乐观精神。在大城市里，尤其是像芝加哥这样的大城市，这一点尤为突出。这是一个爵士乐的时代，没有酒又怎能过得得意自在？

于是乎，城市的街头涌现了数百万人，在以不同方式公开声讨禁酒令侵犯了他们的权利。他们愤然撕毁禁酒法令的布告，哄抢商店里最后的酒品库存，与支持禁酒的群众集会频频发生暴力冲突……当然，还有更多的人没有这么激烈的反应，但却不顾法令，仍旧在私下里照喝不误。

禁酒期间，酒价疯涨，饮酒者不但没有被禁绝，反而在成倍增加。为满足美国人对酒精的渴望，一种新的犯罪应运而生，这就是走私酒类。对于那些拥有快艇和胆量的人来说，走私酒类让他们一夜之间大发横财。此外，在美国各处，10 万多个地下酒吧如雨后春笋般涌现出来。

城市变成了纵情豪饮、爵士乐和犯罪的温床。人们知法犯法，美国成了一个犯罪之国。

流氓出身的阿尔·卡蓬在这种混乱中如鱼得水。他先是搬进芝加哥意大利移民区南草原大街一间很小的租赁房里，接着找到了他的第一份工作——为绰号为“大吉姆”的克罗斯莫效力。此人是芝加哥最大的娱乐场老板，主要经营卖淫、贩酒和聚赌行业，其中贩卖酒是他最大的一项收入。在此后数年的黑道生涯中，卡蓬以其过人的胆识和残忍的手段一步步站稳了脚跟，并设法跻身这个组织的高层。

1924 年，约·埃德加·胡佛被任命为美国联邦调查局第一任局长。胡佛把禁酒运动称为一次“高尚的试验”。他训练了一支禁酒特工队来帮助实施这项不受欢迎的法律，它就是赫赫有名的财政部警卫预备队。

从表面上看，政府特工人员似乎成功地阻止了贩卖酒的不法活动。海上警卫队沿美国边界设置了严密的警戒网。贩酒商在公海是安全的，但他们一旦进入美国水域，就成了美国海上警卫队攻击的目标。

但有太多的贩酒商想穿过这道警戒网，并且，他们很快就用不知从哪儿弄来的武器进行对抗了。贩酒商成了现代化的高效率犯罪团伙。这些人不惜以生命做代价大肆进行走私活动。于是，一系列的警匪追逐、枪战的好戏上演了。这种对抗的激烈程度和发生频率简直不亚于一场战争——在全美 48 个州，禁酒运动执行者正在与这些犯罪团伙展开游击战。

胡佛不得不一次又一次地加大打击力度，甚至仅仅在一次招募中就增添了 5.4 万多名警察。然而人们发现，走私酒类的活动非但没有减少，反而有愈演愈烈的趋势。

在这场新型犯罪浪潮中，“疤面煞星”阿尔·卡蓬及其所在组织成为芝加哥活动最为猖獗的黑帮之一，他们表面上经营着合法的娱乐业，暗地里却涉足酒品贩卖的种种勾当，采用暴力、欺诈、贿赂等种种犯罪手段大发横财。

1926 年，野心勃勃的卡蓬无情地除掉了组织内的所有反对者，自己成了老板。他逐步控制了大半个芝加哥的黑道买卖，在鲜血与威胁之上建立起了一个娱乐帝国。他的走私生意、卖淫活动、赌场越做越大，而且他还用行贿的手段收买芝加哥市长，让政府为他服务。到 1927 年，卡蓬帝国的年利润就达到了 1.05 亿美元。当 20 世纪 20 年代即将结束之时，他仅在芝加哥就拥有了近万家地下酒吧，并完全控制了从加拿大到佛罗里达的烈酒走私业。

快乐捕猎，快乐情人节

就在赫赫有名的“疤面煞星”卡蓬逐步控制着芝加哥东西部的同时，一股同样可怕的势力统治着芝加哥的北部地区。他就是“疯子”乔治·莫兰和他的黑帮组织。

长着一脸横肉的莫兰，脾气暴烈，腰间总是别着两把黑色的左轮手枪。他性情疯狂，或者说有点神经质，因此获得了“疯子”的绰号。

卡蓬的手下都是意大利移民，而“疯子”的手下多为爱尔兰移民。莫兰的势力范围从芝加哥北部向南蔓延到芝加哥河，因此和卡蓬之间的芝加哥控制权之争在所难免。这两股黑道势力之间时常在暗中展开针锋相对的并吞和仇杀。

“我们应该干掉莫兰！”卡蓬的手下曾多次对他进言时这样说。卡蓬又何尝不想，但是他知道莫兰的身边总是围着好几个保镖和杀手，很难下手。为稳住卡蓬的地位，卡蓬的一个心腹自告奋勇地提出来要对付莫兰。此人名叫文森佐·基拜迪，即著名的“机关枪麦可”。他是卡蓬手下最为得力的一名心腹和杀手，外表看上去很老实，但骨子里却狡猾凶狠。卡蓬对他的提议很满意，但表面上却很冷漠。他说："好吧，这件事就交给你办，不过这不是小事，需要精心策划，一定要做得干净利落。"麦可对卡蓬的态度心知肚明，开始谋划一个将莫兰一伙一网打尽的大胆计划。

一连几周，麦可化装成街头推销员，对"疯子"及其手下进行跟踪。他发现这伙人常在当地一个货车运输公司的车库里进行酒走私交易。他小心翼翼地记下这伙人来去的时间。结果证明，这个位于北克拉克大街的车库是"疯子"和他的手下聚会碰头的唯一场所。莫兰还在里面养了一只名叫"狂奔"的德国牧羊犬，看来这里就是他们的老巢。

在阿尔·卡蓬的支持下，麦可决定选择这里作为屠杀地点。

为了引诱"疯子"和他的手下到车库里来，麦可冒充一个知名的盗贼给"疯子"打电话，说要向他提供一批货物："一车从加拿大海上运来的威士忌酒，每件货只售 57 美元。怎么样，够便宜的吧？要不是我们急等钱用……"

麦可的谎话很有吸引力，"疯子"莫兰甚至没怎么讨价还价就要定了"这批货"。看来他真的上钩了。麦可放下电话，脸上浮现出一丝冷笑。

交货时间定在星期四上午 10 点半，这天是 2 月 14 日——情人节。

2 月 13 日，麦可组建了一个 4 人暗杀组。他们是 4 个乡下来的职业杀手，不会被莫兰或他的手下认出来。麦可想出了一个堪称天衣无缝的暗杀计划：这些杀手将驾驶一辆偷来的警车，扮成芝加哥警察的样子进入车库，并假装是例行的禁酒检查，然后趁机干掉莫兰一伙。这样就能神不知鬼不觉地接近和逃离犯罪现场。

“不能向任何人透露，我们这次行动称作：快乐捕猎，快乐情人节。”麦可最后说。

1929 年 2 月 14 日，天冷得出奇。早上一场冻雨之后，地面上湿漉漉的，街上行人稀少。此时，麦可派出的监视人员躲在北克拉克大街周围临街的房子里，已经各就各位了。他们看见“疯子”的手下比约定的 10 点半早到了几分钟。

当那扇车库的大铁门关上时，麦可发出了信号，暗杀计划开始了。

4 个杀手中有两个人扮成穿着警服的警察，还有两人则扮成便衣警察。得到麦可的命令，他们开着偷来的警车飞快地向北克拉克大街驶来。在离车库不远的路上，他们的车轮碾过街面，溅起地上的积水，溅湿了路边一个男人身上的风衣。他们没去管他，径直将警车停在了车库门前。

在车库中，“疯子”的 7 名手下正在焦急等待加拿大威士忌酒。

谁也没有想到，刚才路边的那个男人正是“疯子”莫兰。他晚来了几分钟。在走过北克拉克大街，就要接近车库的时候，他看到身后这辆警车拐了进来。他心知不妙，不敢再进车库，装作路人，头也不回地继续往前走，连警车溅了他一身积水也装作不知。

乡下来的这些杀手并不认识“疯子”，他们以为“疯子”现在已经在车库里。他们端着枪闯进了车库：“举起手来，警察！”

“疯子”的人在毫无戒备的情况下被堵截。4 名杀手端着枪喝道：“快，都给我站到墙边！”“疯子”的人不敢不从，一个个走到墙边站成一排。这时，其中一个人感觉有点不对劲，因为他发现那两个便衣警察居然带着的是机关枪。“不，这帮家伙不是警察！”他大叫起来。但是他发现得太晚了，子弹首先射进了他的身体。随后，杀手们在不到 30 秒的时间里射出了 70 多发子弹。

7 个人相继倒下。其中 6 个人即刻死亡，有一人后来被送往医院抢救过来。

莫兰豢养的那只名叫“狂奔”的牧羊犬也吓得上蹿下跳，惊叫不已。幸好杀手们并未把它当作莫兰的一员，放过了它。

周围的人都听到了枪声，但目击者看到的是两名警察逮捕两个暴徒，而不是杀手从血腥现场逃脱的场面——这也是麦可设计好的，两个假便衣警察在确信地上的人都死了之后，又扮成了所谓暴徒，让另两个穿警服的杀手押解着走出车库，从而迷惑了目击者。

这个计划天衣无缝，他们没有留下任何犯罪的痕迹。在半小时内，杀手们就离开了芝加哥，从此销声匿迹。

“快乐日子”又回来了

警官洛夫特斯来到现场时，屠杀事件刚刚发生了几分钟。他从来没处理过这么可怕的现场，只有通知总局派人支援。

没想到新闻记者比警察来得更快，他们蜂拥而至。一则则耸人听闻的消息发到了报纸的头版头条。其中一篇报道记录了犯罪现场一位目击者的回忆：“我脚下的尸体比我想象的还要多，这个国家从没有发生过这样的大屠杀。”

第二天，震惊的公众意识到美国已是匪徒横行，这是一个可怕而又残酷的现实。于是公众愤怒了，纷纷上街游行，呼吁芝加哥警方迅速抓捕歹徒。同时，美国国会也被震惊了，就连禁酒官员也站出来说希望尽快查出真凶——从一些迹象来看，此案似乎与不法贩酒有关。

然而，尽管警方展开了大规模调查，但没有一个人被确认是情人节大屠杀的肇事者。阿尔·卡蓬声称他和家人在豪华的迈阿密海滨别墅里共度情人节。至于“机关枪麦可”，则根本不在警察的怀疑之列。这桩谋杀案与多数黑帮谋杀案一样悬而未决。

其后，卡蓬和莫兰都曾被审判，但可笑的是，他们的罪名都不是走私或谋杀。

1929 年 9 月，26 岁的禁酒官员尼斯向美国地区检察官乔治提交了一份大胆的计划，决心一举粉碎卡蓬的犯罪帝国。1931 年，以尼斯为首的联邦官员查获了卡蓬的财务记录，证实他每年至少收入 5000 万美元，却没有支付任何所得税。卡蓬因此而被捕。在法庭上，卡蓬为自己辩解："一个人怎么会为非法所得缴税呢？"这个借口听起来就像一个笑话。

最终，卡蓬被判有罪，入莱文沃斯监狱服刑 11 年。后来，他又被转移到阿尔卡特拉斯岛联邦监狱。这是当时最新式也是最恐怖的监牢。在押送这位大人物的路上，其护卫队的规模足以配得上某个来访的外国元首。13 年后，他死于梅毒。

北部黑帮老大莫兰同样下场可悲。情人节大屠杀极大地削弱了他的势力，他发誓要对此事进行报复。在 15 年后的情人节前夕，即 1936 年，他终于如愿地打死了"情人节大屠杀"事件的幕后主使——"机关枪麦可"。但从那以后，他再也没能在黑社会形成大气候，只能从事一些小型绑架活动和一些无足轻重的抢劫活动。1947 年，他因犯"轻微"盗窃罪被逮捕。10 年后，死于监狱。

情人节屠杀案和 13 年的禁酒时期向美国人民证明，道德和社会行为不能通过法律来约束。经过三年的经济大萧条，他们即将迎来新的变革。1932 年，美国人选举了一位新的总统——富兰克林·罗斯福。在罗斯福的首批改革措施中，有一项就是改写禁酒法令。

情人节大屠杀 4 年后，禁酒法令被废除。

自由饮酒的“快乐日子”又回来了，但禁酒令造成的损失已经无可补救。禁酒时期，处于压抑状态下，人们头脑当中的自私、仇恨、渴望改变、不择手段等因素，与贫困的处境、不公正的经济政治秩序、错误的法律、政府的腐败、混乱的社会生活等适宜的土壤相互作用，使美国黑帮犯罪泛滥成灾。

这一时期黑帮犯罪带有明显的时代特征，它主要的手段就是走私、制造和贩卖酒及酒类制品，经营皮肉生意和开设赌场等，并以此完成了黑帮组织的原始积累。早期黑帮老大阿尔·卡蓬就是其中的典型代表。禁酒时期，其实就是美国黑帮组织获得空前发展的时期。情人节大屠杀暴露出来的正是这样一个事实。

黑帮组织的空前发展又进一步引发了各级官员和街头警察的空前腐败，他们往往成为黑帮组织的幕后支持者和帮凶。黑帮组织可以通过贿赂控制犯罪审判系统，减轻其组织成员所受的刑罚。在腐败的极盛时期，黑帮势力甚至可以左右政局——既然他们拥有了自己的经济来源，他们就会不失时机地以政治捐助名义，在一些政府机关或议会当中培植自己的亲信，提高自己的政治影响力，力求在当地的政治经济生活中占据牢固的地位。

官员腐败的目的在于金钱，黑帮贿赂的目的在于权力。黑帮与政府难分彼此，成为美国社会的一个显著特征。也就是说，犯罪团伙掌握了政治权力，并将继续控制这个国家。

第十六章

谋杀希特勒

斯托芬伯格的暗杀目标就是豺狼本人，即阿道夫·希特勒。

“二战”的最后9个月，整个世界成了一片废墟，1500万人在战争中丧生。

这一切本来是可以避免的，假如在1944年那个平静的夏日，那只橡木桌腿没有挡在一个公文包和阿道夫·希特勒之间的话。

谋杀的计划

1944年7月20日，康德·克劳斯·冯·斯托芬伯格上校奉命走进一个戒备森严的军事区。他很清楚，这个位于东普鲁士的某个偏僻树林里的地方就是阿道夫·希特勒的司令部，也就是传说中的“狼穴”。这里四周布满了地雷，警卫和狼狗时刻在周围监视着……斯托芬伯格不由自主地有些紧张起来，因为此刻他的脑海里正谋划着一个暗杀计划。

他的暗杀目标就是豺狼本人，即阿道夫·希特勒——德国的暴君。这位邪恶的独裁者将德国牢牢控制在自己手中，并将整个欧洲推入死亡和毁灭的深渊。

斯托芬伯格上校是深受纳粹高层信任的下级军官。现在，他已经通过了层层审核和关卡，要去参加一个高层会议。他决心不让希特勒活着开完这个会议。尽管困难重重，但由于策划周密，希特勒看来在劫难逃……

斯托芬伯格出身于一个信奉天主教的贵族家族，这个家族具有敢说敢做的骑士传统，世袭伯爵头衔。少年时，他成绩优异，并显示出了卓越的领导才能。19 岁时，身材伟岸的斯托芬伯格加入了德国军队。他是一位真正的爱国者，把为祖国服务视作光荣的职责。为了维护德国的荣耀，他愿意牺牲一切。

1930 年，23 岁的斯托芬伯格与宁娜·冯·莱切菲尔德结婚，他对待家庭的忠诚就像对待神圣的祖国一样。

1939 年，战争爆发。斯托芬伯格当时并不是纳粹党员，但他支持希特勒。他相信元首将带领他们打赢这场战争。在战争中，他成长为一名优秀军官。1940 年，他被授予一级铁十字勋章。

但是，希特勒政权针对欧洲犹太人实行种族灭绝，对波兰人、苏联人以及战俘展开大屠杀，这些血腥的罪行越来越令斯托芬伯格感到震惊。他发现，一个邪恶的政权正威胁着德国甚至整个世界，而希特勒就是它的首领。

希特勒对战争无比狂热，正如斯托芬伯格很喜欢的一位德国诗人斯蒂芬·乔治的诗句所描述的："魔王疯狂拓展他的疆土；幸福和欢乐逃不出他的魔爪，财富和利益，他也全不放过……"对斯托芬伯格来说，希特勒这个国家元首，已经成了可怕的魔王，而不再是自己心目中的英雄。这一发现让斯托芬伯格苦闷不已，而生活在这样一个罪行累累的国家，更让他不寒而栗。他希望能尽早结束这场战争，让人们重获自由。事实是，希特勒只要多统治一天，就会有成千上万的士兵因为他愚蠢的决定而无谓地死去。1942 年夏天，斯托芬伯格下定决心，要不惜一切代价直接终止希特勒的暴行。

和斯托芬伯格一样，在希特勒的恐怖统治下，依旧还有许多英勇的反抗者。他们来自不同的阶层，有着不同的教育背景，坚持不同的政治信念，但他们杀死希特勒的决心是共同的。在德国的高层精英军官中就聚集了一大批这样的反抗者。他们希望夺回权力，与盟军进行和平谈判。于是斯托芬伯格就加入到他们当中来，成立了一个由多位纳粹高级军官组成的秘密小组，而这个小组的最终目标就是执行暗杀希特勒的计划。小组中的成员全都是坚定的希特勒的反抗者，为了达到目的，他们甚至不惜付出生命的代价。

然而，这个小组策划了几次暗杀行动都未能成功。

斯托芬伯格也未能马上采取行动。因为命运将他带到几千公里外北非大沙漠的战场上。他被派遣到“沙漠之狐”隆美尔的非洲军团。

三个月后，在突尼斯，斯托芬伯格所在的部队遭到空袭。他不幸负伤，失去了左眼、右手和左手的三根手指。战争留下的伤痛折磨着他的整个余生。随后，斯托芬伯格回到了德国。在缓慢而痛苦的康复期间，他更加坚定了杀死希特勒的决心。决定做出后，他再也没有动摇过。

斯托芬伯格很快成了军方反希特勒势力的中坚力量，成为暗杀小组的负责人。然而，暗杀还需要一个必要条件，那就是近距离接近希特勒的机会。这个机会对他们来说非常难得，他不得不看着时间飞速地流过。

在寻觅暗杀机会的那段时间，斯托芬伯格目睹了 1943 年隆美尔非洲军团的溃败。紧接着，德军从各线撤退。

1944 年夏天，盟军在西线从法国北部、在南线从意大利向德国进逼。在东线，苏联红军也正开进德国腹地。希特勒似乎还没有意识到他的第三帝国已经岌岌可危，但斯托芬伯格明白，他必须行动起来，否则他所热爱的德意志将面临更大的耻辱。

就在这时，暗杀小组终于等到了机会。1944 年 7 月，斯托芬伯格被任命为驻柏林后备军司令弗洛姆将军的参谋长。新职位使他有机会得到重要的军事情报，并能参加希特勒出席的高层会议。也就是说，现在，斯托芬伯格可以接近希特勒并找机会放置炸弹了。

然而，纳粹党卫军的密探无孔不入。策划暗杀的工作危机重重，他们必须时时小心，以免暴露。几经辗转，斯托芬伯格通过一位叫菲利普·冯·波瑟拉格的德国军官搞到了一种英国人设计的定时炸弹。这种炸弹的定时装置非常巧妙，只要在爆炸之前 10 分钟轻轻捏一下保险栓的颈部，一个玻璃管就会破裂，放出酸液，慢慢腐蚀固定着弹簧和撞针的拉线。一旦拉线被腐蚀掉，撞针就会弹出，触发雷帽，引爆炸弹。而在爆炸前，他还有足够的时间离开希特勒。

除希特勒本人外，斯托芬伯格还想用这种炸弹将希特勒的左膀右臂，即赫尔曼·戈林和盖世太保头目海因里希·希姆莱等一起炸死。

其实在 1944 年 7 月 15 日，斯托芬伯格已等到了一个暗杀希特勒的机会，但他最终放弃了。那一天，希姆莱和戈林将会见元首，斯托芬伯格也已安排好暗杀计划，但结果他们一个也没出现。为了将希特勒的亲信一网打尽，斯托芬伯格终止了计划。此后，盟军收紧了布在希特勒周围的网。斯托芬伯格痛感他已失去了很多次机会，现在必须加紧行动了。

斯托芬伯格焦急地待在家里等待时机。不久，他接到命令，要他 7 月 20 日到“狼穴”汇报情况。他明白，这一次也许是他最后的机会，无论如何都要干掉希特勒。

炸弹在希特勒身边爆炸

在反对希特勒的高层军官组织中，斯托芬伯格听命于路德维希·贝克将军。贝克将军曾是纳粹陆军总参谋长，1938 年，他因反对希特勒入侵捷克斯洛伐克而下台。当希特勒的野心逐渐暴露时，贝克将军决心推翻第三帝国，把正义还给德国人民。

斯托芬伯格同时还受军团参谋长海明·冯·特雷斯科少将的影响。特雷斯科同样渴望结束希特勒的暴政。1943 年 3 月，特雷斯科将两个伪装成白兰地酒瓶的炸弹放在希特勒的飞机里，但炸弹没有爆炸。

时光一晃就把战争拖进了 1944 年，战争的局势已经起了很大的变化。在执行暗杀希特勒的计划之前，斯托芬伯格有一个疑问：既然盟军马上就要赢得战争，是否还有必要去暗杀希特勒？而他们每个人都很清楚，即便暗杀希特勒的计划成功实施，他们也依然有可能会被绞死，因为当时绝大多数德国人都还很推崇希特勒。他们会说："如果希特勒还活着，我们一定会打赢这场战争。"

对此，特雷斯科将军回答说："暗杀必须不惜一切代价进行。即使暗杀失败了，我们也要尽力将柏林的政权夺过来。现在，我们最重要的使命就是向世界和历史证明，就算失去生命，我们也要行动起来。"

在执行危险使命的前一刻，斯托芬伯格释然了。他明白他们的行动无论成功与否，都将向世界证明，尽管德国处在邪恶的统治之下，但仍然还有一些人不惧淫威，愿意以生命为代价去争取和平。

第二天早晨，斯托芬伯格和他的副官魏尔纳・海夫腾乘飞机到达东普鲁士的拉斯滕堡。他要向希特勒汇报驻柏林后备军的最新防御部署情况。此时的海夫腾也已被斯托芬伯格争取到反抗者的阵营中来，他将协助斯托芬伯格完成暗杀计划。

一开始，一切都照计划进行。两枚炸弹就藏在斯托芬伯格的公文包中，而他们顺利通过了错综复杂的哨卡，进入了"狼穴"，被安排在接待室等候接见。按照事先的安排，希特勒将在下午 1 点接见斯托芬伯格。

12 点 25 分，形势突然发生了变化。由于意大利独裁者墨索里尼突然来访，希特勒接见斯托芬伯格的时间提前到 12 点 30 分。

这个变故让斯托芬伯格措手不及，他必须立即去面见希特勒，但是他们还没有准备好，炸弹的保险栓还没有打开。怎么办？面对前来通知这一消息，并等在一旁准备带他去会见希特勒的卫兵，斯托芬伯格没有慌乱，而是很镇定地对卫兵说道："哦，这太匆忙了，我必须整理一下我的形象，否则我的样子会吓坏元首的。"他一边说着，一边故意露出了黑眼罩下那只可怕的瞎眼。

"好的，上校。不过请快点。"卫兵对这位"独手独眼伯爵"相当敬重，自觉地退出了接待室。

“请多给我几分钟。”斯托芬伯格说着带上房门。这时接待室内只剩下斯托芬伯格和海夫腾两人，无须多言，他们只是眼神一对，就立即行动起来。斯托芬伯格的公文包里有两颗炸弹，他要把两颗都用上。由于斯托芬伯格唯一手臂——左臂也只剩下两个指头，所以海夫腾必须帮助他打开炸弹上的保险栓。

让希特勒等待是冒险的，但斯托芬伯格必须拖延几分钟。时间在一分一秒地过去，海夫腾显然是有些紧张，动作不是很利索……这时门外突然传来一名副官催促卫兵的声音：“斯托芬伯格上校在哪里？元首正等着见他。”随着话音，脚步已走近房门。

在这紧张的时刻，斯托芬伯格和海夫腾仅仅才启动了一颗炸弹，另一颗却无论如何都来不及启动了。他们只得迅速把一颗已启动的炸弹装入公文包内，另一颗由海夫腾藏匿起来，然后装作整理衣装的样子。幸好这位突然出现的副官和卫兵都没有对他们产生怀疑，只是催促斯托芬伯格赶快去执行使命。斯托芬伯格提起公文包从容地跟着他们去了。

海夫腾被留在接待室，他能做的只有祈祷了。

斯托芬伯格快步走向会议室。这间会议室藏在树林里非常不显眼，只不过是一间小小的混凝土平房。他们没走几步就到了。此刻，定时装置里的酸液正在腐蚀拉线。如果一切正常，炸弹应在 10 分钟后爆炸。

当斯托芬伯格走进会议室时，会议已经开始了。只见 20 余位高级军官围着希特勒那张巨大的橡木办公桌，希特勒正在一边查看军事地图，一边听取前线传来的坏消息——苏军距“狼穴”只有 150 公里。

斯托芬伯格对跟随而来的那位军官说，自己听力不好，要求站在希特勒旁边。那位军官认可了。随即，斯托芬伯格提着公文包走到桌子边上。希特勒抬起头来看了他一眼，并回答了他的问候，便转而继续听着陆军副参谋总长兼作战处长豪辛格将军的汇报，没再多说什么。斯托芬伯格不动声色地环顾会场，发现希姆莱和戈林都没有参加会议。但行动已不可能中止。他装作倾听的样子站到了希特勒身边，并看似不经意地随手将公文包放在了脚边。希特勒这一刻关注的重点显然不在他这一边。会场上的气氛也很紧张压抑，没人注意到斯托芬伯格有什么异常。

公文包已经放在希特勒身边不足两米的地方，炸弹也已经启动，尽管只有一颗，但已经足够了，希特勒在劫难逃。现在，他必须想办法离开。斯托芬伯格不动声色地听了两三分钟，随后，便离开希特勒身边，对希特勒的副官说，他必须打一个重要电话去柏林，询问最新的防御部署情况，并说很快就会回来。不明所以的副官不敢多说什么，让他离开了会议室。

斯托芬伯格出了会议室，便快步走向等候在外的自己的汽车。海夫腾早已坐在驾驶座上等着他了。他一上车，海夫腾便发动了汽车。

没驶出多远，一声巨响就从身后传来了。斯托芬伯格回头一看，只见一股浓烟从会议室冒了出来。“计划成功了！希特勒必死无疑。”他们掩饰着心中的激动驶出树林。干掉希特勒只是计划的第一部分，斯托芬伯格还要尽快赶回柏林，去发动军事政变。

整个“狼穴”顷刻间处于最高警戒状态，所有岗哨都加强了戒备。依靠沉着和幸运，斯托芬伯格通过了前面的所有关卡，但在最后一关他们被截住了。

卫兵接到命令，任何人不得离开。这些卫兵显然还不知道到底发生了什么事情。他们只知道执行命令。这时候，斯托芬伯格又一次表现出他的镇定和机智。他带着发怒的表情，斥责着卫兵：“真见鬼，我在执行重要任务！让下命令的那个人跟我通电话。”卫兵不敢惹他，只得为他接通了“狼穴”司令部副官的电话。

斯托芬伯格拿过电话就不容分说地叫道：“我正在追捕刺客，必须通过关卡，否则你我都承担不起！”电话那头的人很清楚斯托芬伯格的身份，他不可能想到这个“独手独眼伯爵”就是那个暗杀者。他被骗了。

斯托芬伯格已不再需要第二颗炸弹。

一个不经意的举动改变了一切

当天下午 1 点 15 分，斯托芬伯格和海夫腾乘上了飞机，经过了两个多小时返回柏林。

折返前，他用电话通知了等在柏林后备军总部的其他参与策划的人：炸弹已经引爆，计划圆满完成。在电话里，他掩饰不住激动，对特雷斯科将军说道：“一颗直径 6 英寸的炸弹在房间里爆炸，房间里的人不可能活着出去。希特勒已经死了。”

然而，斯托芬伯格的上司弗洛姆将军拒绝相信这个消息。斯托芬伯格返回柏林后立即果断地将他软禁起来。扫除弗洛姆将军后，斯托芬伯格进一步取得了政变的控制权。

从当天下午直到晚上，斯托芬伯格不断与德国各地的高级军官和司令员联系，宣布希特勒的死亡。由于还没有得到正式且确切的消息，许多不明就里的人一时还不能相信，还在犹豫观望着。贝克和其他参与政变的人则聚集到作战指挥室，一步一步实施着政变。

斯托芬伯格下令控制电台和信号中转站。他要在整个德国实行军事管制。在法国、维也纳和布拉格，重要的通信设施也被接管，纳粹党卫军和盖世太保一个个被逮捕。临时军事法庭一夜之间成立起来。

只差一点点，斯托芬伯格就把德国从狂人阿道夫·希特勒的手中拯救出来……

斯托芬伯格没有预料到，就在当天傍晚 6 点 30 分，希特勒的宣传部长、恶贯满盈的戈培尔通过广播宣布，一起针对希特勒的暗杀未遂，希特勒只受了轻伤，随后将发表公开讲话。

这怎么可能？斯托芬伯格无法相信自己的耳朵。但从收音机里传来的又的的确确是希特勒那仍然狂妄的声音——作战指挥室里所有反对希特勒的高层军官也都在刹那间蒙了。

希特勒宣布，所有已查明或涉嫌的谋反者将以叛国罪论处。

发动政变花了太长时间。在斯托芬伯格返回柏林之前，其他人一直无所作为，宝贵的时间被浪费于等待暗杀的结果。希特勒死里逃生的消息传来后，政变立即土崩瓦解。党卫军冲进作战指挥室，斯托芬伯格和其他谋反者被逮捕，到午夜，各处的起义相继被扑灭。

斯托芬伯格不相信大势已去，但在下午的暗杀行动中确实发生了不可预料的事情。

当时，公文包离希特勒很近，斯托芬伯格以为万无一失，于是找借口离开了会议室。但是他没想到，希特勒的一位副官见公文包离元首太近，怕碍事，就将公文包移到了橡木桌的桌腿后面。这桌腿非常敦实厚重。炸弹爆炸的时候，希特勒就站在桌子的旁边，靠在桌子上。桌子挡住了炸弹，救了希特勒的命。

爆炸所产生的强大气流从木地板下、三个窗户中，以及木屋的顶部和盖在上面的水泥板之间的空隙里冲了出去。斯托芬伯格听到和看到的爆炸的确很剧烈，他理所当然地认为谁也活不了。但实际上，只有两名军官被炸死。希特勒最终只是右肩受了轻伤。

看来一颗炸弹的威力还是小了些。可以肯定，如果斯托芬伯格把两颗炸弹都带进会议室，就没有人能够活着出来了。

失败的后果

暗杀失败的后果是极为严重的。现在，一切都暴露了。希特勒下令逮捕所有涉嫌参与政变的人。斯托芬伯格也在第一时间被捕。他和其他人一样，受到残酷的拷打，盖世太保没能从他刚毅的嘴里问出更多的细节。不过，由于政变的行动已经公开，大批参与者均已暴露。最终被盖世太保拷打致死和吊死的人超过 5000 人，几乎没有人幸免于难。这与希特勒的侥幸是多么不同啊。

1944 年 7 月 20 日的午夜，斯托芬伯格等人被第一批处死。他和其他三位同伴被秘密枪杀。“我们最重要的使命就是向世界和历史证明，就算失去生命，我们也要行动起来。”特雷斯科将军的话不幸成为这些英雄的悼词。

死里逃生的希特勒由于只受了一点轻伤，仍然在当天会见了墨索里尼。他还得意扬扬地领着墨索里尼参观了会议室的爆炸现场，展示他如何躲过了一劫。“我是无敌的！”希特勒猖狂地叫嚣道。然而，他的得意并没有持续多久。此后，他变得越来越疯狂。他将自己隔离起来，再也没有在公共场合露面。

与此同时，希特勒加快了杀人的步伐。在臭名昭著的“死亡集中营”中，9个月之内，100多万人被杀死。在盟军攻占“死亡集中营”之前，无辜的人们一直被有计划地饿死或被折磨死。在苏联红军占领德国的心脏柏林，以及盟军攻占德国各个城市的过程中，这个由纳粹统治的国家变成了血色战场。仅在攻打柏林的战役中，就有300万人丧失了生命。“二战”的最后9个月，整个世界成了一片废墟，1500万人在战争中丧生。

这一切本来是可以避免的，假如在1944年那个平静的夏日，那只橡木桌腿没有挡在一个公文包和阿道夫·希特勒之间的话。

第十七章

广岛原子弹爆炸

一座拥有 30 万人口的城市瞬间化为乌有。

原子弹为提前结束旷日持久的第二次世界大战做出了巨大贡献。

广岛原子弹终于使核能的威力被全世界认识到了，随之而来的就是核军备竞赛的开始。

它永远地改变了战争的本质……

“曼哈顿计划”

1941 年 12 月 6 日，即日本偷袭珍珠港的前一天，罗斯福启动了美国有史以来最昂贵的研究计划，也就是将理论付诸实践、研发第一颗原子弹的“曼哈顿计划”。

第二天，即 1941 年 12 月 7 日，早晨 8 点差几分，日本向毫无准备的美国发动了大规模的突然袭击。360 架飞机从停泊在夏威夷东北部的航空母舰上起飞，突然空袭了美军的珍珠港海军基地，并造成重大伤亡。华盛顿方面收到关于这场突袭的报道只是简单的一句话：“珍珠港遭到空袭，这不是演习。”美国由此卷入了第二次世界大战。

美国的参战给世界反法西斯阵营带来了极大的鼓舞，但盟军的战况仍然不容乐观。日本迅速占领了菲律宾群岛以及太平洋的大部分海域。在美国，人们每天打开收音机，听到的只是更多的坏消息：“……新加坡遭日军袭击而沦陷。13 万英国将士被俘，英军最好的三艘战舰被击沉。上个月，德军的 U 形潜艇击沉了盟军 85 万吨的战舰。经过三个月的激战，菲律宾群岛的巴丹半岛最终沦陷。来自麦克阿瑟将军总部的报道说，他的军队已经撤退。大约 5 万美军和菲律宾将士被俘，现在正被迫行军穿越巴丹半岛，前往战俘营。”

可以说，在这个时候使用原子弹才具有实际意义。但是，这时美国的原子弹还只存在于科学家的理论之中。关于原子弹的研究，其实远早于美国的“曼哈顿计划”，也并非始于美国。历史的发展有时候令人胆战心惊。原子弹这种能够毁灭整个人类的可怕武器的研究，竟然开始于由战争狂魔希特勒所统治下的德国。

早在 1939 年 8 月，阿尔伯特·爱因斯坦就给罗斯福总统写过一封信，信中说希特勒可能正在研制一种新型炸弹。这种炸弹的威力非常大，可以在瞬间摧毁整座城市。最后他说：“根据目前某些方面的情况来看，我们政府应该在这方面及时警觉，同时，在必要时迅速行动。”

爱因斯坦这封信是由罗斯福的经济顾问萨克斯转交总统的。但是，直到 1939 年 10 月 11 日，萨克斯才终于得到了亲自向总统递呈这封信的机会。这封信已经在他手里压了将近 10 个星期。其时，第二次世界大战已在欧洲爆发。

罗斯福知道，爱因斯坦早在世纪之交的青年时代，就创立了相对论学说，其中的质能关系奠定了原子能理论的基础。这位于 1933 年因纳粹德国的迫害而移居美国的科学家，在当时已被称为“物理学之父”，在世界上享有崇高的威望，在美国也是家喻户晓。爱因斯坦的信引起了罗斯福的高度重视，同时他也进一步了解到，在过去的数月，由于法国的约里奥－居里和美国的费米及西拉德等科学家的努力，使得在相当质量的铀中能够引起一种链式核反应，在这种反应中，能产生极大的能量。也就是说，仅几磅重的不稳定元素，例如铀就可以产生史无前例的爆炸威力。

“虽然把握较小，但这种想法还是可信的。”爱因斯坦在信中说。这就使得罗斯福不得不想，一颗这样威力极大的新型炸弹，如果先一步由希特勒掌握了，那将会给世界带来什么呢？想到这里，罗斯福不由得惊出了一身冷汗。

那么，德国人在对原子弹的研究方面究竟进行到了哪种程度呢？罗斯福又看了一眼爱因斯坦的信。信中说：“德国人在事实上已经停止出售他们接管的捷克铀矿开采出来的铀。他们如此的早期行动，或者可被认为是由于德国副国务卿的儿子冯·韦斯里克任职于柏林威廉皇家学院，而这个学院里，和美国一样，铀的研究工作，正在反复地进行着。”

“这么说我们必须赶在他们前面，”罗斯福似乎是自言自语地说，“看来政府在现阶段就得干预此事了。”萨克斯在一旁说道：“是这样。”罗斯福接着又说：“我们不会让纳粹分子把我们炸掉，是吗？”萨克斯再一次回答说：“是这样。”

随即，在罗斯福总统的命令下，美国组成了一个铀咨询委员会。但是，由于这项研究要耗费巨大的人力和物力，在 1940 年 6 月底以前，华盛顿当局对这项任务抓得并不得力，经费也没有增加。相反，却颇多批评意见。从 1940 年 7 月以后，委员会主任福勒博士奉命陆续将英国在原子能研究方面的进展通知有关方面，并告知有可能在战争结束前造出原子弹，这一消息才引起了华盛顿当局的绝对关注。最后，终于在1941年12月6日，即日本偷袭珍珠港的前一天，罗斯福正式发布命令，设置机构启动原子弹的研究计划。

“与时俱进”的原子弹研究

罗斯福启动的“曼哈顿计划”，是一项政治冒险计划。在国际上，它是继德国生产V2型火箭之后第二次由国家出面组织的巨大工程。按照这个计划，美国必须把大量的人力、物力都转移到一项有可能要失败的项目上来。为了增加成功的可能，来自加利福尼亚的杰出理论物理学家罗伯特·奥本海默被任命为原子弹计划的科学主持人。

奥本海默首先需要建造一个专门的实验室。他在新墨西哥州的偏远地带有一个大农场，于是他选择附近的洛斯阿拉莫斯作为实验室的基地。此外，他还分别在田纳西州的橡树岭和华盛顿的汉福德设立了一个铀同位素分离工厂基地。随即，奥本海默从美国的各所大学里挑选出一些顶尖的科学家，以及大批的技术工人，并将他们调到这个项目的相关岗位上来。大量的战略物资也都转用于原子弹工业体系的建立上。美国的这项原子弹研究计划因为指挥总部所在地在曼哈顿，因此被正式命名为“曼哈顿计划”。

对外人而言，洛斯阿拉莫斯并不存在，在任何一张地图上都找不到它。它只有一个邮址：圣塔菲 1663 号信箱。

随着原子弹计划的推进，所有研究工作的保密、保安制度也越来越严密，它实行的是强制性的保密措施。科学研究完全成了军事机密的重要组成部分。最终，这项计划耗资 20 亿美元，共有 20 万人参加。但只有极少数人了解工作的真正目的。

1942 年 12 月 2 日，原子弹研究有了重大突破。恩里科・费米在芝加哥的实验室中成功进行了链式反应。由此，奥本海默已经明确知道了制造原子弹是完全有可能实现的。

与此同时，世界大战正进行得如火如荼，欧洲仍然遭受希特勒的铁蹄蹂躏，而日军则把战火烧向了更远更广的地区。敌人变得越来越凶残、野蛮，甚至丧失了最基本的人道，日军和德军相继都发生了多次大批屠杀俘虏的恐怖事件。战争形势变得格外严峻。当美国的欧洲盟国与纳粹德国进行激战时，太平洋战争使美军陷入了战争的低迷状态，数百万美国人投入到这场噩梦般的抗日战争中。

经过一系列代价高昂的激战，其中包括中途岛战役，以及其后的瓜达尔卡纳尔岛战役，美军才逐步取得了反攻的主动权，逐渐收复了沦陷的太平洋诸岛。到 1944 年年底，美军的战舰抵达进攻日本本土的前哨阵地硫黄岛。

硫黄岛其实是一块隆起的火山岩，长度只有 8 英里。但是，仅仅为了夺取这么一个小岛屿，美军就付出了令人难以想象的巨大代价。日军发誓要为这座小岛血战到底，因此硫黄岛残酷的战场变成了一座人间地狱，令所有人无不为之心惊胆寒。为了对付岛上 2.1 万人的日本守军，美军居然出动了 22 万人参战，并且派出 2000 架飞机和 800 余艘各种型号的战舰。尽管日军遭受了严重打击，但由于负隅顽抗，原计划 5 天拿下的硫黄岛，居然激战了 36 天。最终这场残酷的战役使美军损失了近 3 万战士的生命，直接参与进攻的海军部队的伤亡率甚至高达 50%。

1944 年年底，日军的神风队开始实施自杀性攻击，美军遭受了沉重打击。这些由飞行员驾驶的自杀性飞机成功击沉了 30 艘美军战舰，还有 300 多艘美军战舰被击伤。自杀性飞机给美国海军造成了重大损失。

1945 年 4 月 1 日，美军发动了另一次重要攻击，这一次的战场是在冲绳岛。冲绳岛战役被看作美国进攻日本大陆的最后彩排。根据战役的伤亡情况，太平洋战役中盟军的最高司令道格拉斯·麦克阿瑟将军告诉罗斯福，美军进入日本，将会导致美军多达 50 万人的伤亡。面对代价如此高昂的战争，罗斯福真期望现在就能看到原子弹诞生。

令人鼓舞的是，与此同时，奥本海默的研究组的确有了全新的进展：到 1945 年年初时，他们很肯定地通知罗斯福，以现有的科学技术和材料，很快就能制造出一颗原子弹来。

然而，就在美军进攻冲绳岛战役 12 天后，美国总统富兰克林·德拉诺·罗斯福与世长辞，死于脑出血，享年63岁。整个盟军为之震惊。

美国举国为之哀悼，但没有人比奥本海默的研究组更难过。罗斯福支持并推进了原子弹计划，现在他逝世了，他们的计划还能继续下去吗？

轰炸的决定

1945 年 4 月 25 日傍晚，哈里·S. 杜鲁门在紧要关头继任美国总统。此时，德、日、意等法西斯势力节节败退，正处于行将崩溃的阶段。经历多年战争深渊的世界走到了和平的前夜，杜鲁门作为新的领导力量将要承担历史的重任。那么，他能不负重托吗？

杜鲁门一上任便做出许诺，说他要继续推行罗斯福的政策。他在公开讲话中声称："德国和日本都应该确定，美国人将会为自由而奋战，直到西方不再有被德国占领的领土，这一点是毫无疑问的。我们的要求一直都是无条件的投降，过去是，现在也是。"

让奥本海默放心的是，杜鲁门承诺要继续推行"曼哈顿计划"。

在作为罗斯福的副总统时，杜鲁门也一直被拒绝获悉有关战争的任何机密信息，包括"曼哈顿计划"。不过，对于这么一个庞大的计划，杜鲁门也不是没有觉察。早在 1942 年，杜鲁门就任国家防御计划调查特别委员会主席时，就曾因执意揭发军事开支中的浪费而声名大振。在那一时期，他发现有一项耗资几十亿美元的计划正在秘密进行，当时他就想对此有进一步的了解。但战争部长亨利·斯廷普森阻止了他。

现在，突然之间，杜鲁门成了罗斯福的继承人，承担起总司令这令人敬畏的职责。也是在突然之间，他才得知了“曼哈顿计划”的真实意图和进展。现在，他成了决定如何使用原子弹的人。

1945 年 5 月初，原子弹实际上已经被制造出来了，只是还没有进行过试验。负责原子弹计划的科学家在一个沙漠试验基地堆放了 100 吨的烈性炸药。这场爆炸的目的是使之作为校对基准，以便记录即将进行的原子弹爆炸实验引起的破坏。

与此同时，盟军在欧洲战场取得了胜利。4 月 30 日，战争狂魔希特勒在绝望中自杀身亡。5 月初，苏军攻克柏林。从希特勒进军攻打波兰至今，战争已经持续了 5 年多，这 5 年多充满了痛苦和死亡。现在抗击德国的战争终于取得了胜利。

不过，正如杜鲁门所说：“我们还有许多事情要做。西方战场已经获胜，那么东方战场也必须取得胜利。只有全世界都摒除了邪恶，世界才能真正获得自由。正如在欧洲战场上一样，我们美国人民将在太平洋战争中一如既往地抗击一切敌人，保卫自己的家园。”

这时，东方战场也已到了尾声。然而，离战争结束的日子越近，战争进行得就越残酷，所造成的巨大损失也让人越发不能忍受。尽管日军已经没有任何空军和海军的支援，但冲绳岛战役仍然从 4 月持续到 5 月；尽管美国的轰炸机像流水一样向东京投下了重达 100 多吨的燃烧弹，摧毁了东京城，让 10 万人在轰炸中丧生，但日本人仍然拒绝投降，美军仍然遭到日军的顽抗。

进攻日本造成的重大伤亡在美军中引起了恐慌。此时，维持美国军队的士气至关重要。于是，许多美国明星被派到战地鼓舞斗志，杜鲁门也适时地揭露日本人的险恶用心："日本人征服世界的梦想被粉碎了。他们不再鼓吹要在华盛顿实行和平的独裁统治。但这并不意味着日本已经彻底投降。他们企图依靠美国人民对战争的厌倦而逃过一劫。我们的人民还在战场上流血牺牲。我们希望我们的士兵能重回美好的家园，我们试图回到和平所带来的舒适安稳和经济利益中去。所有这些愿望可能会让我们做出除了无条件投降之外的一些妥协，而这，恰恰是日本所期望的。"

要彻底粉碎日本人的侥幸图谋，就必须彻底打败他们。然而，正如麦克阿瑟将军所说，美军进入日本，将会导致美军多达 50 万人伤亡。似乎只有投放原子弹，才能避免这一切。而美国已经造出了原子弹。

于是乎，政治家、军事首脑和顶尖科学家开始会晤。现在的问题不再是是否向日本投放原子弹，而是在何时何地投放。

一次重要的会议是在 5 月 31 日在五角大楼举行的，会议目的是估计原子弹对日本造成的破坏，以及对即将进行的核试验做出安排。奥本海默估计死亡人数在两万左右。为了更清楚地估算原子弹造成的毁坏，投放的目标将是还没有遭受轰炸的日本大城市。有人提议在原子弹爆炸试验的准备工作即将完成之前，邀请日本人亲眼见证一下这种新型武器的可怕威力。但奥本海默因为担心试验失败而驳回了提议。

剩下来的问题是，如果试验成功，是否需要在正式投放前给日本一个警告？如果这样做，日本人将会把盟军战俘转移到原子弹投放地，所以美国人决定在不警告日本的情况下直接投放原子弹。在5月31日召开的五角大楼会议上，美国通过了原子弹投放方案。

6月1日，杜鲁门接受了委员会的建议。

7月，杜鲁门去德国参加波茨坦会议，与其他盟国领导人商讨战后世界的问题。苏联告诉他，日本准备进行协商，条件是保留天皇。杜鲁门不想做出任何妥协。他也想在苏联没有介入的情况下尽快结束战争，这样，美国就可以独自做主分割远东地区的领土。原子弹使杜鲁门看到了美国单方面结束这场战争的希望，他变得更自信，也更强硬。

1945年7月16日清晨5点30分，试验原子弹在新墨西哥州的沙漠中爆炸，其威力相当于1.8万吨TNT炸药。

在波茨坦的杜鲁门收到了这场试验结果的电报。他告诉斯大林，美国拥有一种威力巨大的新式武器。不过，杜鲁门并不知道，苏联情报部门早已获悉原子弹计划，只是还不知道原子弹的潜在威力。

1945年7月26日，波茨坦会议终于有了结果，发表了《波茨坦公告》，敦促日本无条件投降，但顽固不化的日本仍然对此置之不理。

与此同时，美军少数高级将领也都知晓了美国将向日本投放原子弹的消息。盟军的欧洲最高司令官德怀特·艾森豪威尔将军反对投放原子弹，原因是日本已被打败。海军参谋长莱易上将也持相同意见。

但杜鲁门衡量了问题的方方面面之后，还是做出了决定。

1945 年 7 月 24 日，杜鲁门总统正式发布了投放原子弹的重要决定。总统令是这样说的："只要天气适宜，509 军团的空军 20 号将于 8 月 3 日左右投放第一颗特殊炸弹，目标是日本的下列城市之一：广岛、小仓城、新潟和长崎。"

在毁灭的阴影下生存

原子弹已经制造成功，投放的决定已经做出，时间和目标也已确定，只剩下一个问题，那就是美国还需改装一架可以装运原子弹的飞机。

不过，这个问题也早已解决了。一架经过改装的 B-29 型重型轰炸机将承担轰炸任务。它能胜任从太平洋诸岛到日本本土的长距离飞行。新设计的发动机和加压舱，使 B-29 型轰炸机能够飞到 3 万英尺的高空，不会被敌人的枪炮和高射炮击中，这种轰炸机被称为“空中堡垒”。

B-29 型轰炸机还拥有精确的轰炸系统，每一架飞机都可以携带 10 吨重的烈性炸药。它曾在战争中起到了关键作用。就在几个月前，在美国攻占马里亚纳群岛后，东京和其他一些日本城市相继被美国空军控制。每天，B-29 型轰炸机像成群的乌鸦一样飞离它们在关岛、塞班岛和提尼安岛的基地，去轰炸日本的主要城市，削弱日本的军事力量。其中 1945 年 3 月 9 日，300 多架 B-29 型轰炸机对东京进行的轰炸最为猛烈。它们一起向东京投下了重达 100 吨的燃烧弹。此次轰炸引起的大火，摧毁了东京城内的古老木制房屋。轰炸结束后，东京几乎没有一座站立的建筑物，有 10 万人在轰炸中丧生。就是这样一种轰炸机，经过改装后，性能更加优异，无疑是携带原子弹进行轰炸的最佳载体。

1945 年 8 月 6 日清晨，B-29 型轰炸机“埃诺拉·盖伊号”飞离太平洋提尼安岛，机上携带着世界上第一颗原子弹。离开提尼安岛三小时后，轰炸机靠近硫黄岛，与记录爆炸过程的两架侦察机会合。

天空万里无云，没有任何敌机或是高射炮向它们开火。事实上，自 1945 年 3 月起，日本的空中防线就已被彻底瓦解。B-29 型轰炸机无论在日本的领空怎样盘旋徘徊，基本上都没有什么危险。

9 点钟左右，飞机飞临广岛上空。9 点 15 分刚过，蒂贝茨机长投放了代号为“小男孩”的原子弹。

15 秒后，原子弹在广岛爆炸。它爆发出我们今天所熟知的蘑菇云，但是没有见过的人是难以想象那种毁灭力量的。原子弹摧毁了一切。美国通讯记者鲍勃·布瑞拜是首批到达广岛的记者之一，他在报道中写道：“我刚从一座死亡之城回来。我是第一批到达广岛的美国人之一，也是为数不多的目睹第一颗原子弹造成的毁灭性后果的人之一。我希望我从来就没有看过那时的广岛。场面恐怖极了，惨不忍睹。”

7.8 万人在瞬间死亡，10 多万人受伤或受到放射性照射——一座拥有 30 万人口的城市瞬间化为乌有。广岛成为一片可怕的废墟。

8 月 9 日 11 时 01 分，另一颗原子弹在长崎爆炸，造成的损失与广岛的情况相差无几。

毫无疑问，原子弹为提前结束旷日持久的第二次世界大战做出了巨大贡献。这很大程度上是因为日本人对“还有更多的原子弹”所引起的恐惧。当时，有一个盛传的关于“原子弹炸东京”的谣言产生了一股强大的恐惧冲击波，使东京全城陷入更深的惶惶不安和混乱之中。原子弹不仅是一种大规模毁灭性武器，它还是一种心理武器。害怕被进一步毁灭的日本随即宣布无条件投降，战争就此结束了。原子弹达到了预期的目的。

广岛原子弹终于使核能的威力被全世界认识到了。随之而来的就是核军备竞赛的开始。由于广岛原子弹的爆炸，天平迅速地发生了有利于美国的倾斜，而苏联要挽回第二次世界大战中已经形成的均势，军备竞赛就这样开始了。1949 年 8 月 29 日，苏联在亚洲中亚细亚靠近塞米巴拉金斯克的地方引爆了他们的第一颗原子弹。其后，“相互确保摧毁”的战略思想给世界和平带来了抹不去的阴影，因为人类已经明白核战争没有胜负，只有毁灭。

广岛原子弹的投放的确是世界历史的转折点，它永远地改变了战争的本质。人类的未来在对核武器的恐惧中继续。

后　记

本书中有 17 个历史传奇故事。它们是 17 个历史逆转点，是 17 个民族和国家的命运故事。波斯国王雄心勃勃收服希腊的初衷，却成为成就希腊辉煌历史的契机；罗德里克一个出于无所禁忌的行为，却引来了自己的民族、国家和王朝无疾而终；君士坦丁堡的不幸沦陷，却意外促生了大航海时代的到来；法国人不经意的一个举动，却改变了自己国家的历史进程；一个大国最令人恐怖的举动，却开启了一个历史新时代；印第安一个美丽女孩天使般的善良，却导致了自己的父王和民族万劫不复；萨拉热窝一个英勇的男子无可非议的爱国行动，却导致了谁也想象不到的毁国后果；祖鲁人一段最天真、最诚恳的友谊，却带来了最悲惨的结局……

在历史上的某些时刻，最轻微的举动却举足轻重，最不经意的决定却最具决定意义，人的善良会引来恶魔，勇士的英勇却比懦弱还糟……这就是历史的严峻，这就是人类思维的始料不及。当翻到本书的最后一页，读完所有的故事，您的脑海中滚动的一定不仅仅是一件件波澜壮阔、惊心动魄的历史事件，一定还有对那些引发命运逆转事件的沉重叹息，以及对这些玄机莫测、惊心动魄、不可思议的事件的哲学思考。